编委会

群众路线的模范实践者

中共云南省委宣传部　编

云南出版集团公司

云南美术出版社

前　言

　　高德荣同志作为一个土生土长的独龙族干部，参加工作38年来，心系家乡、心系百姓，坚持不懈地努力，不求回报，不谋私利，始终致力于改变当地贫困落后和推进独龙族的进步，带头帮助群众发展致富产业。他虽年近六旬，临近退休，但仍然牢记使命、不负群众的重托，坚守在独龙江乡整乡推进独龙族整族帮扶工作的第一线，是群众路线的模范实践者。

　　高德荣同志的先进事迹，经媒体报道后引起了各级领导干部的高度重视。中央政治局委员、书记处书记、中组部部长、中央群众路线教育实践活动领导小组副组长赵乐际同志，云南省委书记秦光荣同志，云南省委常委、组织部长刘维佳同志，云南省委常委、宣传部长赵金同志分别就做好高德荣同志先进事迹的宣传报道作出重要批示。赵乐际同志先后三次作出重要批示，要求将高德荣同志作为第一批党的群众路线教育实践活动中的先进典型，在云南省和全国予以宣传。2013年8月2日，秦光荣同志在《云南日报》刊登的《高德荣——一个独龙族干部的中国梦》的长篇报道上批示："高德荣同志是我省党员干部的优秀代表，他理想信念坚定，始终怀着对党和人民的深厚感情，带头认真贯彻落实党的少数民族政策，带领群众一心一意跟党走，体现了共产党人的政治本色；他牢记为民服务宗旨，数十年如一日扎根偏远山区基层，全心全意为边境民族同胞的脱贫致富和团结进步干实事、办好事，受到广大群众的衷心欢迎，体现了共产党人的公仆本色；他做人坦荡磊落、为官正直清廉，放弃享受更好的生活条件，把办公室搬到乡间地头，带领乡亲们艰苦奋斗，保持了共产党员的清廉本色。在他的身上模范地践行了为民务实清廉的要求，集中展示了高远、开放、包容和坚定、担当、务实的云南精神，是我们广泛深入开展党的群众路线教育实践活动的鲜活教材。"赵金同志三次作出批示：要求把学习高德荣同志精神与学习杨善洲同志精神紧密结合起来，组织系列深度宣传作品：一个电视宣传（专题）片、一本学习宣传材料、一组学习座谈会、一个巡回报告、一本报告文学、一本图文并茂的图书、一本追梦的故事等，全面介绍高德荣同志人生经历，全面阐释高德荣同志的世界观、人生观、价值观的形成和对党忠诚、对人民负责、艰苦奋斗的精神实质。

为了给各级党组织深入开展党的群众路线教育实践活动提供一个重要的学习载体，我们精选部分媒体报道、评论文章、巡回报告稿等，汇编成此书，供广大党员干部学习使用。

——编　者

目 录

高德荣同志先进事迹的媒体报道

高德荣同志先进事迹报告团报告

领导干部谈学习高德荣

高德荣同志是群众路线的模范实践者

中共云南省委关于开展
向高德荣同志学习的决定

（2013年10月14日）

高德荣，男，独龙族，1954年3月生，1975年7月参加工作并加入中国共产党，第十届全国人大代表，现为怒江州人大常委会副厅级干部，曾荣获"第三届全国少数民族团结进步模范""优秀共产党员"等荣誉称号。高德荣同志参加工作38年来，一心为公、一心为民，踏实做人、务实做事，不徇私情、不谋私利，是党的群众路线的模范实践者。

高德荣同志始终牢记党的宗旨，全心全意为人民服务，对待工作满腔热情，对待自己从严要求，始终保持艰苦奋斗、勤俭节约的优良作风，做人坦坦荡荡，做事光明磊落，真心为群众谋利益。多年来，无论生活环境、工作条件和工作岗位发生怎样的变化，始终坚持党的群众观点和群众路线，对当官为什么、掌权干什么、工作图什么始终保持清醒的头脑，对群众的感情从不疏远，把群众的冷暖疾苦铭记于心，把发展好、维护好、实现好群众的利益作为毕生追求，秉持"让独龙江尽快发展起来，让独龙族群众过上更好的日子，在全面建设小康社会中不掉队、不落伍"的目标，扎根基层、扎根群众，视群众为亲人，与群众同吃、同住、同劳动，主动为群众办实事好事。作为一名党培养的民族干部，始终放不下那份对民族、对群众的深厚感情，放不下一名独龙族干部沉甸甸的责任，带头认真贯彻落实党的少数民族政策，长期驻守在每年大雪封山半年、工作生活条件极其艰苦的独龙江乡，投身整乡推进的帮扶攻坚行动中，先行先试、进村入户，为教育奔波、为环保呼吁、为民生解难，带领独龙族群众改善基础设施条件，发展特色产业，改变独龙江乡交通闭塞、基础设施落后、发展迟缓的面貌，生动地诠释了"高原情怀、大山品质"云南精神的深刻内涵。

为引导全省广大党员干部树立正确的世界观、人生观、价值观，把我省党的群众路线教育实践活动不断引向深入，省委决定，在全省开展向高德荣同志学习活动。广大党员干部要向高德荣同志学习，学习他理想信念坚定、对党忠诚的政治品质；学习他为民务实清廉的价值追求，把人生追求融入党和人民的事业中，融入边疆各族人民构筑中国梦的生动实践中；学习他爱党、爱国、爱家乡的赤子之心和鞠躬尽瘁、无私奉献的公仆情怀；学习他始终与人民群众心连心、共患难的政治本色。各级党组织要加强领导，精心组织，把开展向高德荣同志学习活动作为深入开展党的群众路线教育实践活动的一项重要内容，以高德荣同志为榜样，扪心自省，查找差距，反对形式主义、官僚主义、享乐主义和奢靡之风，确保教育实践活动取得实效，为谱写好中国梦云南篇章聚集正能量。

高德荣同志先进事迹的媒体报道

生活在群众中让人充实

《人民日报》记者 张 帆 胡洪江 杨文明

　　高山大川的阻隔，每年长达半年的大雪封山期，让独龙江显得遥不可及。独龙江乡至今仍是云南乃至全国最贫困的地区之一。副厅级干部、贡山独龙族怒族自治县原县长高德荣，放弃城市生活，把办公室搬到独龙江乡，只为小康路上"绝不让一个兄弟民族掉队"。

　　独龙江乡在哪里？横断山脉的高山峡谷地带，云南的西北角，遮天蔽日的原始森林，清澈透亮的独龙江水，"中国西南最后的秘境"令人神往。

独龙江乡险吗？曲折小道盘旋在崇山峻岭间，汽车颠簸了3个半小时，才从90多公里外的贡山县城开进来，沿途塌方、滑坡、滚石不断，头次进山的记者吐了个一塌糊涂。

有人愿意扎根在此吗？有！副厅级干部、原贡山独龙族怒族自治县县长高德荣。

近日，中共云南省委作出决定，把开展向高德荣同志学习活动作为深入开展党的群众路线教育实践活动的一项重要内容。听说这个消息，高德荣却困惑了，自嘲地说："发达地方的人向我学习，那不是在学'落后'吗？"

"独龙族同胞还没有脱贫，我的办公室应该设在独龙江乡"

"老县长，您给我们讲讲10年前独龙江乡是个啥样？"

"你还当记者，不会自己查资料吗？"

"您那草果怎么育苗呢？"

"这都不知道，还当记者？今天就聊到这儿，你们走吧。"

晚上8点进了老县长家，斜坡上，竹篾墙，旧沙发，热火塘。落座不到5分钟，说了没有10句话，"逐客令"就下了。赶紧端起斟满的酒杯敬上，一口粗糙清冽的苞谷酒下肚，尴尬的气氛才稍有和缓。

对媒体"极不友善"，高德荣可是出了名的。高德荣却说，"你们整天跟着我，占用我的劳动时间，还打扰我休息……"

59岁的高德荣，身高不到1米6，黑黑瘦瘦……2006年，他当选怒江傈僳族自治州人大常委会副主任，却向组织申请把办公室搬回距离州府六库300多公里外的独龙江乡——他出生的地方。

　　高山大川的阻隔，每年长达半年的大雪封山期，让独龙江乡显得遥不可及。独龙江乡乡长李永祥介绍，独龙江乡至今仍是云南乃至全国最贫困的地区之一。

　　放着城里的舒坦日子不过，何苦偏要钻进这穷山沟？高德荣面颊通红，话匣子也打开了："官当得再大，如果自己的同胞还穷得衣服都穿不起，别人照样会笑话你。"

　　其实，早在1979年，在怒江师范学校留校任教的高德荣就曾放弃城市生活，主动返回独龙江乡巴坡完小教书。此后，他历任独龙江乡乡长、贡山县人大常委会主任、县长等职，带领独龙族同胞修路架桥、发展产业。

"与其花时间打扮自己，不如多留点精力打扮家乡"

　　初冬，清晨7点不到，独龙江乡寒气逼人，狗叫声一起一和。前一晚，高德荣没有答应带记者去他的草果基地；今天天刚亮，记者就到家门口来堵他。门已经打开，被当作床铺的沙发上却没了人影。

"刚刚还在嘛，应该没走远。"正在准备早餐的高德荣的老伴宽慰记者。

果然，门前马路上，有个矮小的身影在晃。凑近一看，高德荣正拿着扫帚扫地。那件老旧的藏青色西装敞开着，里面是皱巴巴的衬衣，套着彩虹条纹的独龙褂。

"这哪是厅官，分明就是老农。"听到司机肖建生这么说，高德荣却不气恼，"与其花时间打扮自己，还不如多留点精力打扮家乡"。

其实大家心里都明白，老县长整天在村里跑，干净衣服哪穿得住？有一次碰上雪灾，他二话不说就跳入泥中疏通道路。现场群众责怪政府工作人员，怎么能让一位老人家去干这活？

一位副厅级干部，当真没有官气？

与高德荣共进早餐时，记者拿碗替他盛粥，被他一把夺了过去。"今天你帮我盛，明天你走了谁来帮我？"高德荣边说边盛粥，还不忘叮嘱一句："小伙子还在长身体，要多吃点。"

可他自己，吃得却很简单。独龙江乡土地上长成的一根包谷，他吃得津津有味。要说高德荣家里，不缺好吃的。肖建生说，经常有人到独龙江来看望老县长，送来的东西他这么处理：慰问金，通知乡上财务拿走，用于帮扶困难群众；慰问品，喊来乡村干部群众当场分掉。

可这些"甜头"，高德荣却从来不让家里人尝：儿子高黎明到昆明拍婚纱照，连搭顺风车的请求都不敢提；女儿高迎春告诉记者，她结婚那年，老县长早早就下了"命令"，不许以他的名义邀请县上干部。

"干部是用身影指挥人，不是用声音指挥人"

高德荣箴言

独龙族父老兄弟姐妹是平等的，没有头人。如果有头人，那就是共产党。

一通软磨硬泡，老县长终于让记者跟在他屁股后头去草果基地。独龙江乡过去并不种草果，刚引种时群众不敢种。"苦劝不听，那就干出样来！"2007年，高德荣摸索着在独龙江边建起示范基地，年过五旬的他像年轻人一样，背起三四十公斤重的草果苗，把自个儿系在溜索上滑过江。

来到草果地里，高德荣从腰间抽出砍刀，麻利地砍断老枝叶，平铺在地上，"这个枝要摆正，烂了以后可以做肥料"。

"瞧这把式，您不像干部，像农民。"记者说。

"干部也是老百姓。干部的概念就是带领群众一起干活，干出活路来。"高德荣答道。

巴坡村党支部书记木卫清回忆，第一批草果收获时，高德荣曾发动群众围观销售过程，眼看着草果换成了钱，当地群众纷纷主动要种苗、学技术。"抽象事情具体化，群众工作就好做了。"高德荣说，如今，全乡草果种植面积已达3万多亩，"绿色银行"正在见效。

"老爷子是用身影指挥人，不是用声音指挥人。他做出表率，就希望大伙都跟他一样脚踏实地地干。"在大雪封山期间留守独龙江乡采访近5个月的《怒江报》记者王靖生说。

当地有这么一个故事：一次贡山县里开大会，一名干部大谈独龙江乡的发展，高德荣直接打断他："你没到过独龙江乡，没有资格指导独龙江乡。"因为这倔脾气，高德荣没少惹人嫌。可他说，"我不怕得罪人，就怕成罪人。当干部不务实，指挥棒就成了'搅屎棍'。"

"虽然老高有时性子急、脾气大，可他骂得有道理，不少挨过他骂的人也不记恨，还心服口服。"与高德荣共事30多年的原贡山县政协主席赵学煌说。提拔干部时，高德荣从不问远近，只要有能力、踏实肯干，他就推荐、提名。他身边的工作人员既有独龙族，也有藏族、汉族。

"漂浮在官场上使人浮躁，生活在群众中让人充实"

从迪政当村返回的路上，高德荣又突然喊"停车"——原来，有个村民正在地里摘西瓜，高德荣下车去问问今年收成如何。村民抱起两个西瓜，硬往老县长怀里塞。"老县长不拿群众当外人，群众自然跟他亲。"肖建生说。

"漂浮在官场上使人浮躁，生活在群众中让人充实。"这是高德荣的为官之道。

记者随意走进几户人家，提起高德荣，上至七八十岁的老人，下至十来岁的孩童，都说他来过自己家。残疾村民王丽萍还记得，高德荣第一次到她家时，"问我能不能种洋芋，我说可以。他就说我送你洋芋种，你多种点洋芋好不好？我说好！好！"在高德荣的帮扶下，王丽萍夫妻俩通过发展种植，建起了新房，还买了摩托车。

2010年，云南省委、省政府启动独龙江乡整乡推进独龙族整族帮扶项目，高德荣欣然接受了怒江州委独龙江乡扶贫开发领导小组副组长的任命，"名正言顺"地在独龙江乡办公室办公了。

可记者在独龙江乡找了一圈，也没找到高德荣的办公室。当地干部说：独龙江畔的每个村庄、每条山路，每家每户的火塘边，都是老县长的办公室。

走村入户时，高德荣习惯带上他的小DV。近年来，独龙江畔草果飘香、蜜香四溢，一幢幢别墅式的农家小院拔地而起，平整的柏油路通向各村各寨……这些都被他摄入镜头，做成了一张专辑。临别前，记者请他在专辑上签个名，他在摄像"高德荣"三个字上画了个圈，说："太阳照进独龙江乡，也照到了我高德荣的身上。"

高德荣的故事在独龙江乡、怒江沿岸已经流传了30多年。有人为他写了首诗："如果你到过独龙江乡，可能一转弯就能碰上他；如果在山道上遇见，谁也不会多看他一眼。但我并不失望，因为他让我重新审视了人生：一个人的高大，真不在身材或者着装。"

（原载《人民日报》2013年11月11日）

倾心为民的独龙族 "老县长"

——云南干部高德荣践行群众路线事迹感人

新华社记者 王长山 吉哲鹏

在全国唯一的独龙族聚居区云南怒江州贡山县独龙江乡，独龙族干部高德荣情系群众一心为民的事迹传遍了群山峡谷。多年来，他为改变当地贫困落后和推进独龙族的进步而奉献；他从改善交通条件着手，手把手帮扶群众发展致富产业；任州领导后，为了群众早日脱贫，申请坚守独龙江；他不求回报，不谋私利，赢得群众的敬重，尊称他"老县长"，称他是群众路线的模范践行者。

心系群众坚守独龙江

多年来，高德荣秉持着"让独龙江尽快发展起来，让独龙族群众过上更好的日子，在全面建成小康社会中不掉队、不落伍"的目标，践行群众路线，倾心帮群众解决问题。

独龙江乡有逾4 000名独龙族群众，新中国成立后，当地群众由原始社会直接过渡到社会主义社会，偏远闭塞等因素叠加，这里十分贫穷落后。通往县城90多公里的简易公路1999年修通，现在每年仍有半年时间因大雪封山而中断。

59岁的高德荣1975年毕业于怒江州师范学校并留校工作。他任

过乡长、县长等职，放弃了到省里工作的机会。"独龙江的落后和贫困让他放不下。"贡山县政协原主席赵学煌说，他幼年家贫，是党和政府及乡亲养育他长大，他与独龙族乡亲血肉相连的感情与生俱来。

"第一次见老县长，感觉样子就跟村里老大爹一样。" 双拉娃村村民王丽萍说。在这位"老大爹"的多年帮扶下，王丽萍家种包谷、洋芋、苦荞，养猪羊，两个孩子也上了学，2012年还买了辆摩托车。高德荣的车里常备着些大米、油等，下乡时遇到贫困群众，他总是给予帮助。"这些年，他的工资大部分是这样花出去的。"赵学煌说。

高德荣说："自己的私事再大也是小事，群众的事再小也是大事。" 1988年，任独龙江乡乡长的他大着胆子带上两位干部直奔昆明，向有关部门反映贫困，真诚和独龙江乡的困难打动了领导，给独龙江乡安排了350万元，于是他领着大家扩建了乡卫生院、中心学校、4座人马吊桥等。

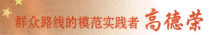
快要封山和开山时高德荣常驻守在雪山，与交通部门人员刨开雪堆开辟运输通道。2007年5月，高德荣等人被雪崩掩埋，幸亏被及时发现获救。"这样的经历太多了，在独龙江工作你顾不了这些危险。"他说。

丙当村小组护林员木新荣和老县长相识多年，多次一起巡山，老县长和木新荣一样用砍刀开路，啃干粮喝冷水睡防雨布。木新荣说，他还送给我摄像机让多拍珍稀动物，做好记录，让我好好看好这片山林。

高德荣2006年2月当选怒江州人大常委会副主任，根据工作需要，州里同意了他回独龙江乡的请求。于是他把"办公室"搬进了独龙江乡。巴坡村新农村指导员李明富说，没想到他到州里工作又回来了。2012年，他卸任州人大常委会副主任，只保留"州委独龙江帮扶领导小组副组长"的头衔。他说："这个我愿意继续担任，因独龙族群众还没有脱贫。"

干到前头带动群众发展

"老县长"的"办公室"在田间地头、施工现场、火塘边。为了带领群众发展产业致富，他自己掏钱买种苗率先种草果、重楼，等发展有成效，又把种苗免费提供给群众，还提供技术指导。他说："一大堆空计划不如为群众办一件实事。"

当地许多村民养蜂，但蜜蜂进洞筑巢比例低和产量不高的问题困扰着大家。养蜂收入高，高德荣就带头养蜂，并留意中蜂生活习性，总结经验，很快蜂箱"存桶"率达到50%。现在，他碰到养殖户都要传经验。

　　"独龙江的草果种植也是老县长带的头。"独龙江乡党委书记和国雄说，早在2007年高德荣就邀请专家开始探索种植草果，并带头种植。独龙江乡适宜草果生长，草果现在成了重要产业。全乡2012年亩产超500公斤的有20户，全乡草果收成达到80吨。

　　李明富说，在巴坡村，老县长自己拿出种苗，把村干部喊来手把手地教。"我在这里做指导员3个多月，在村里见到他几十次，一来在基地和群众家里就住几天。示范的草果有收获了，价格不错，群众就跟着种。巴坡村中蜂养殖已有2 000箱，草果也种了2 500多亩。"

　　离乡政府三四公里的地方有一排房屋，院子里养了鱼、猪，种了菜，这是高德荣的工作站，也是他培训当地群众的"秘密基地"。培训内容丰富，从政策到法律、科技，延伸到家庭成员间的相处之道，他可以说上一天。乡亲们很喜欢听他讲，常常是几十名群众围坐在他身边。培训时间也不固定，一有时间他就宰猪、杀

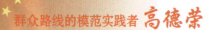
鸡，组织群众们来"基地"培训，晚了大家伙就睡在工作站里。

2010年，云南省委、省政府启动独龙江乡整乡推进独龙族整族帮扶项目，面对独龙族人彻底改变贫穷落后的机会，高德荣把"办公室"设在独龙江乡的决心更加坚定。"上级照顾我们，其他兄弟民族支援我们。是因为我们落后，戴着落后的帽子一点都不光彩，太难看了。但不要总想伸手要，要多想想如何放手干。"

州扶贫帮扶干部李发朕说："扶贫输血变为造血，他是坚持时间最长，最有成效的。"如今，独龙江畔草果飘香，蜜香四溢，一幢幢漂亮的农家小院拔地而起，独龙族群众用上了互联网、移动电话。

现在，高德荣酝酿着更大的愿望：公路向北延伸进西藏，向东连接迪庆，从根本上解决怒江州交通瓶颈问题，将独龙江与西藏察隅、云南迪庆的梅里雪山合成一个环行旅游线路，让美丽的独龙江成为旅游胜地。

令人敬畏讲原则的老县长

多年来，高德荣竭尽所能，把国家对少数民族群众的扶持政策落实好，督促实施好帮扶工程，让群众得实惠。很多人对他又敬又畏。"畏"的是他讲原则，事情做得不对，工作干得不好，他绝不留情严厉批评。"敬"的是他身正风清，敬业奉献，不谋私利。

当地群众一说老县长就说他"良心好"。但干部们找他谈工作，却犹豫再三，准备好才"敢"去。独龙江乡副乡长余金成说，老县长性子直、脾气烈，对独龙江乡了如指掌，对扶持政策烂熟在心。谈工作一项政策、一个内容没说对，他能马上指出，如关键问题答不上，还会当场批评。

1996年独龙江简易公路挖建中高德荣提出，要力争最大限度保护好沿途的植被资源。每一次下工地、进村子，发现有乱砍滥伐的，他当场严厉批评，还向乡林业站举报。乡林业自然保护所副所长和小阳说，这3年，老县长举报的案件就不下10件。贡山县林业局局长肖永福说，老县长一人对独龙江动植物的保护，超过我们几个森管员的力量。

在独龙江乡整乡推进独龙族整族帮扶工作中，高德荣负责现场督战安居房建设、交通道路等项目工程的总体推进。做帮扶项目的各施工队负责人，很"怕"老县长，因为老县长常在各项目点巡查，哪个项目点是什么情况，进度如何，他了如指掌。每当施工队因为主观因素而影响了工程质量、进度和安全工作时，老县长会直言不讳地教训。

儿子高黎明印象中的父亲一直忙，从小到大陪伴他们的大多都是母亲。高黎明毕业后回贡山县考公务员，连考3年才考上。有人认为父亲身为州级领导，给儿子安排个工作很简单，但父亲对他说："好好用功，多看看书。""任州领导后按规定可安排一套房子，但他没有要，连现金补贴也没有要。"高黎明说，不用问他也可以理解，这就是父亲的脾气。

年近六旬的高德荣，现仍奋战在帮扶工程的一线。他说："群众的生活一天比一天好起来，是我最大的快乐。"

（原载新华网 2013年11月2日）

"钉子"县长高德荣

新华社记者　余晓洁

滇西北。祖国西南边陲。中缅交界地。

立冬，海拔4 000米的高黎贡山垭口白雪皑皑，大雪封山的脚步越来越近了。

天麻麻亮，高德荣的"铁骑"突突突喘着"粗气"从独龙江峡谷谷底攀爬上来。垭口寒风呼号，似乎在祭奠厚厚落叶下的累累白骨——20世纪为独龙江人民运输物资的"国家马帮"中，无数骏马倒毙、长眠于此。

挺进！挺进！今天，高德荣要到独龙江隧道掘进现场"督战"。

38年来，垭口"鬼门关"，高德荣闯了无数回，颠废了3辆越野车，吓跑了八九个司机哥。38年来，从扫盲干事到独龙江乡长，从贡山县县长到怒江州人大常委会副主任，无论职务如何升迁，高德荣全心全意为独龙江、怒江人民谋福利图发展。38年来，他就像一枚钉子，钉在这片生于斯、长于斯的土地上，钉在最需要他的父老乡亲中间，始终不负党恩，始终为民办事，始终不改本色。

不当县长好多年，老百姓仍亲切地称他"老县长"。

一 条 路

高黎贡山茫茫林海中，奔腾着碧玉般的独龙江。江畔繁衍生息着一个新中国成立后由原始社会"直过"到社会主义社会的民族。直到1952年，这个被外族称作"俅扒"的民族才有了自己的名字——独龙族。

1954年出生于独龙江乡的高德荣几年前主动从州人大常委会副主任的位子上退下来，带着老伴一头扎进全州发展最困难的独龙江乡。他现在的头衔是"州委独龙江扶贫开发领导小组副组长"。

顶着星辰出门，翻山越岭赶路，突然一个急刹车。原来，一块半人高的落石挡在路中央。"我来搬！"大家还没反应过来，老县长已跳下车冲到石头边。

独龙江乡森林覆盖率98%，一年有300天下雨。雨多，泥石流就多，断枝落石随处可见。高德荣车上常备有砍刀和铲子。如果好几辆车，他的车一定是"开路先锋"。

山路一边贴着直冲云霄的高黎贡山，一边是万丈深渊。这个不到1米6高的老县长，弯下腰，脸几乎贴着石面，拼上全身力气把石头推到路边。

"山路太险，好多司机踩油门腿发抖不敢开，车上常备两个轮胎。"跟随"老县长"10多年的藏族司机肖建生说。

"独龙江隧道全长6.68千米。就差最后一公里了，胜利在望！本来一天能掘进五六米，现在下雨下雪减少到两三米。"高德荣沿着隧道细细检查一番说："我们正在与风雪赛跑。隧道一通，将结束独龙江乡每年大雪封山半年的历史。"

千百年来，每年12月到次年5月初的大雪封山，让独龙江乡与

世隔绝。

　　新中国成立前，独龙江乡人民处于父系氏族阶段，有的人尚在树上搭一种叫做"新阿当"的树屋栖身。出山，只能走没有路的"独龙天路"。

　　1964年，在政府的大力帮扶下，一条人马驿道脐带般把独龙江乡和贡山县城连接起来。开山季里，"国家马帮"一袋一袋将粮食、种子、盐巴、药品等生活生产物资驮进独龙江乡。天气好，单程走5～7天，一旦雪季提前来到，超过10%的马匹走不出雪山。

　　读小学时，高德荣每天早晚要走3个小时山路。打那时起，他就在心底"种"下梦想——为独龙族修路！领独龙人致富！

　　1996年，时任贡山县县长的高德荣进京，使出浑身解数争取到修路资金。1999年，全长96.2千米的简易独龙江公路通车。

　　2003年3月5日是高德荣49岁生日，时为全国人大代表的他在两会上大声疾呼"修缮独龙族公路"。次年，道路修缮后从县城到独龙江乡所需的时间由10小时减少到4小时。

　　为了这条独龙乡同胞的生命通道、发展通道，"老县长梦想了一辈子，呼号了一辈子，奋斗了一辈子"。现在这枚"钉子"还在"盯着"隧道最后一公里的打通。

　　是什么，让这位厅局级干部临退休还在山窝窝里"陀螺"般高速旋转？

　　大山深处泥泞道路上深深浅浅的车辙和脚印在回答：共产党人植根群众、服务群众，情为民所系、利为民所谋的如山使命使然；民族干部生于斯、长于斯，改变民族贫穷落后、带领同胞与全国人民一道奔小康的赤子情怀使然。

一 块 表

老县长总看表，就像"钉子上了发条"。

这块"双狮"表是1987年高德荣应邀进京参加国庆观礼得的。多年来，它无声记录着"老县长"为民办事、为民解忧的分分秒秒。

"回乡后他还像以前一样忙，半夜回家倒在沙发上睡三四个小时，第二天早上天不亮又出门了。"老伴马秀英心疼地说。她能做的就是早晨比他起得更早，烤好玉米烧好茶水，让他饱饱暖暖地去忙。

"表也老了，但越老跑得越快。"老县长的"高氏幽默"，把大家逗乐了。

"它在催我多为民做事，活着时不为人民服务，群众不要你；死后，马克思也不要你。这样的党员干部没有归宿没有根，很可怜。"高德荣转而意味深长地说。

老县长在与时间赛跑。他步履匆匆，生怕"钉子生锈"。

去村民家看草果收成、到马库村巡视安居房和中缅小学建设、到巴坡听云南白药主要成分重楼种植技术培训、看敬老院有没有冬被……老县长随身带着中国地图和独龙江地图，每天去哪做什么，他都掐着表。

"还有一分钟。"启程到下一站前，他会嗓门响亮地提醒司机。

他心急心忧，独龙江美"步步惊艳"，交通不通"步步惊心"。目前乡里人均GDP只有千把块。他大声呐喊，独龙江人要争气，没点精神不行。每一分帮扶资金都是全国人民的血汗钱，等靠要的不帮扶，积极进取的有奖励！

看到独都村小组斯莲花家收获1 500斤草果收入5 000多元，马库村70套80平方米的安居房拔地而起，村民到农技推广室学习，孤寡老人衣食无忧时，老县长咧嘴笑了。

"生态产业化、产业生态化。种植草果、重楼，不会破坏现在美好的环境。环境是独龙人的'绿色银行'。发展旅游，不文明的游客不欢迎。我们给每个游客发一顶帽子，写上文明两字。"老县长说着，独龙乡音在江边回荡。

高德荣从独龙江来，回独龙江去。"钉"在独龙江畔，一钉就是38年。

很多人想不通，他当年师范毕业可以在州里留校任教，为什么回穷乡僻壤？放着州人大敞亮的办公楼不待，为何偏偏把办公室建在高原山谷中、施工现场上、百姓火塘边？

高德荣朴实无华却又金子般发光的话语里藏着答案——

"不到基层不到一线，老百姓需要什么，愿望什么，你根本不知道。"

"当干部、领导的如果不务实，指挥棒就成了'搅屎棍'。"

"一大堆计划不如为群众办一件实事。"

"官当得再大，如果自己的同胞还穷得衣服都穿不起，别人照样会笑话你。我最大的愿望就是看到2020年独龙江人和全国人民一起建成全面小康。"

一 面 镜

践行群众路线，高德荣是面"活镜子"。

采访高德荣，是跟他一起从州，到县、乡再到村，一路"下沉"的过程。

"有时到昆明开会，上午11点开完，饭都不吃，啃两口洋芋就往回赶。前7个小时一路奔西到州里，后7个小时沿着波涛汹涌的怒江大峡谷一路向北挺进独龙江乡。凌晨两点才能到。"肖建生说："他离不开这里的百姓。"

采访高德荣，如果不用心，你会"找不着""跟不上""熬不过"。

如果贪睡，6点钟不起床，你会一整天都找不着他；如果胆怯，崇山峻岭间你只能眼巴巴地望着他的"铁骑"兴叹；如果疲惫，你将错过深夜晚归的老县长"文思泉涌"论未来。

这位独龙族最大的"官"，长年一身行头，里外三件。凉了加一件，热了减一件。

贴身是件白色短袖衬衣，中间是独龙族七彩竖条小马褂，外面套着藏青色西服，左胸前别着一面小国旗。西服洗得发白，衬着国旗愈加鲜艳。

阅读他，请到他的"千脚别墅"里来，火塘边烤烤，大通铺上挤挤。

"别墅"是老高用上千根木条支起、用竹篾"编"成的生产培训基地。四周长满草果、重楼、石斛、红豆杉……2007年以来，老县长先是自己钻研，然后把草果、养蜂等生产技术传授给村民，引领他们致富。

体会他，会发现他甘心做怒江人民的儿子，常常顾不上自己的儿女。

"我结婚他丢下一句'不能以我的名义请人'连面都没露。我们一家人8年没有吃团圆饭了。"女儿高迎春说着，哽咽了。

"我毕业考公务员连续两年没考上。人家说，让你爸爸打个招呼就行。可我连说都不敢说。他不是为儿女走后门的人。"儿子高黎明说。

在儿女看来，他是一心为公的"铁公鸡"；在乡亲眼里，他是贴心人、领路人。

"这么多年我只见他哭过一次。那时他在完小任教，我负责乡里物资调配。他看不过学生身体太差，冲进办公室叫我多给些肉，边说边抹泪。"相识30多年的老友赵学煌说。

傈僳族村民王丽萍身有残疾，一家生活困难。老高时常要给这家捎点米油。"那年我女儿面临辍学，幸亏高县长帮交学费，还鼓励她好好读书。谈得晚了，他打了个薄薄的地铺就睡下了。当时根本不知道他是县长。"王丽萍说。

"他对到独龙江乡工作的人特别挂心。那年冬天大雪漫天，眼看就要封山了，新招聘的16名教师和医生急需入乡。老高闻讯立刻决定护送他们。一路上，重感冒中的他不知多少次下车用手刨雪开路，眉毛胡子全白了。"老部下稳宜金说。

当干部，能不能走群众路线，要看对群众有没有割不断、实实在在的感情。

老县长一心为民一身清廉。他对群众的情感，来自独龙族的血脉相连，源自共产党人的信仰、担当。

"一根根溜索，一道道彩虹，连接着峡谷人的美好向往。今天有梦想，明天有希望……"老县长的"篱笆别墅"里传出激情澎湃的《大怒江》。人们围坐在火塘边。老高煮起"吓啦"（包谷酒炖鸡）给学员喝，和大家切磋种植技术，憧憬美好未来。

乡亲们说，他是独龙族的"头人"。他却说，独龙族父老兄弟姐妹是平等的，没有"头人"。如果有，那就是共产党。

这就是我们的"钉子县长"！

个头虽小，巍巍如山。

（原载新华网2013年11月10日）

"老县长"的"筑路"人生

《光明日报》记者　张春雷　任维东

　　个头不高，皮肤黝黑，一件穿了十几年的蓝黑色外套，胸前别着枚小小的党徽。

　　站在人群中，高德荣没一点"官架势"。当然，在独龙江乡，也没人把他当官看。在大家眼里，他是家人、亲人。

　　高德荣是独龙族的"领头人"。他先后担任过独龙江乡乡长、贡山县县长、怒江州人大常委会副主任。而今，他仍不停歇，一直留在独龙江，带领乡民致富奔小康。人们喊他"老县长"。

　　"老县长"59岁，一生都离不开筑路——修筑通往大山外的公路，探寻群众致富的绿色发展之路，而他的做人做官之道，也成为路标，留在独龙江群众的心头。

筑一条路在山脊上，让乡民走出大山

　　"坐稳了，鬼门关到了！"

　　车窗外，漆黑一片。在司机姜师傅看来，夜色掩盖了恐惧，雨夜盘山，不见深渊："右手边是山崖，左手边是峡谷，车子稍微偏半米，就是一车几命。"这是连接独龙江乡和贡山县城的唯一简易土石公路。

进出独龙江乡，先过鬼门关。在这条路上奔波次数最多的"老县长"高德荣，又多少次与死神擦肩而过？

"老县长"或许不会想这个问题。为了这条被称为"鬼门关"的简易土石路，他只身一人跑北京的国家有关部门，"围堵"了部长一个星期。

那还是20世纪90年代，高德荣刚当上贡山县县长。他知道"没有路，独龙江就永远落后"，发誓"要"不到路不回乡。他认个死理：这不是一个县一个乡的事情，这是关系一个民族的事情；独龙族是祖国56朵花中的一朵，独龙族发展不起来，会拖全国发展的后腿。

1999年9月，这条全长96千米的简易公路通车。虽然艰险无比，却已经比过去马帮踏出来的人马驿道好得太多。

深藏于云南怒江傈僳族自治州贡山独龙族怒族自治县一角的独龙江乡，北接青藏高原，西与缅甸毗邻，处处是高山深壑，去基

层，到群众中，就只能每天行走在悬崖边。

"老县长"喜欢走乡入户，在这条"步步惊心"的路上，谁也不知道他来回跑了多少趟。但他"玩命"似的奔波，的确吓退了十多任司机。

安危无暇兼顾。如何让独龙江乡人民脱贫致富，才是"老县长"心头最急迫的事情。独龙江乡，是独龙族唯一的聚居地，乡里还有一些傈僳族、怒族同胞。由于大山阻隔，乡民长期与世隔绝，早已跟不上时代。"老县长"一家家一户户走访，一样一样地教他们，从最初的识字、使用货币、放弃渔猎，到现在的生态致富。

"现在有了'整族推进，和全国一起实现全面小康'的目标，'老县长'比以往更加急迫，每天只睡三四个小时，不停地跑村寨。"高德荣现在的司机肖建生，一位壮实的康巴汉子，跟了"老县长"两个年头，说道，"他天一亮就出门，天黑之前不会进家。"

记者深夜抵达"老县长"位于乡里的住处时，他刚从村里回来。火塘边，"老县长"一边给记者烤土豆一边说："你们来早了，要是明年再来，隧道就修通了，路就没有那么凶险了。"

"老县长"提及的2014年2月份竣工的高黎贡山隧道，也是他"要"来的。

2003年3月，全国人大十届一次会议，"老县长"第一次当上代表。他抓住机会，索性直接向时任国务院总理的温家宝"伸手"："总理，请给我们修条路，请来独龙寨做客。"

如果说目前这条简易的独龙江公路结束了中国最后一个民族不通公路的历史的话，那么包括高黎贡山隧道在内的独龙江公路改建工程，则将结束独龙江乡有史以来每年有一半时间大雪封山、与世隔绝的现状——隧道直接从高黎贡山"腰窝"处穿山而过，从而把

公路的最高海拔降低至3 000米的雪线以下。

"隧道贯通后，独龙江乡的路修完了吗？"

"老县长"摇着头说："对于独龙江乡群众来说，最大的问题依然是路，出行条件虽有改观，但依然严重落后。独龙江乡未来要建设4A级旅游风景区，现在的路况远远不能适应。"

筑一条路在山野中，坡上遍开"绿色银行"

"今年收了1 400斤草果，算下来……"

"草果1斤3块4，算下来是4 700多块。"

跟着"老县长"走村入户，一路上他做得最多的事，就是指着漫山遍野中一小撮一小撮的新绿说，你看，那片是草果树，那片也是草果树。

宛如一个孩子，向外人展示自己最得意的画作。

在独龙江乡马库村独都小组，村民斯莲花家今年收获的23袋草果堆满了整个走廊，看得"老县长"咧开了嘴。斯莲花刚报完收成，他就已经把收入算了出来："明年进入盛果期，你们还可以再多收入两三千块。"

斯莲花睁大了眼睛，眼神中充满惊喜。对于她以及独龙江乡的农民来说，这是个天文数字。

独龙族是"直过民族"。新中国成立后，独龙族从原始社会末期直接过渡到社会主义社会，但由于交通不便，发展一直缓慢。直到三四年前，独龙江乡农民人均年纯收入还只有几百元。

10多年前，"老县长"开始探索发展特色产业的路子。经过几年的试种遴选，最终选择了适应当地地理条件，同时又具有较高经

济价值的香料——草果。

在马库村，老百姓一直靠放养山羊维持生计。村民们被"老县长"描绘的增收梦打动，试种草果树，稍不留神连片的草果树就被山羊啃得精光，有些人气急之下把草果树连根拔起丢进炉灶。

这事让"老县长"急得团团转。老百姓不愿意种，就意味着放弃改变生活方式，也放弃了脱贫致富的路子。

烟抽了一整夜。

第二天天刚亮，他挨家挨户动员宣传，认真仔细地讲解，承诺教大家科学种植直到挂果，在村里一待就是一个星期。这下大伙儿终于安心了。

"一大堆计划不如为群众办一件实事。当干部、当领导的如果不务实，指挥棒就会变成'搅屎棍'。""老县长"说。

现在，草果已成为独龙族人的"绿色银行"。

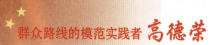
筑一条路在人心头，让独龙族永不掉队

阿丽英今年读初三。记者见到她时，她刚从30多公里外的县城中学走回来，整整步行了7个多小时。阿丽英告诉记者，是高爷爷资助她一直读书，还鼓励她，考上大学走出大山。

"可是，既然山里不好，高爷爷为啥自己出去了还要回来？"阿丽英说的回来，指的是高德荣的两次"还乡"。

1975年，高德荣在怒江州师范学校毕业后，留校工作，并担任校团委书记。4年后，他做出了一个让人意外的选择——返回独龙江乡，成为巴坡完小的一名教师。

2006年2月，时任贡山县县长的高德荣，被选为怒江州人大常委会副主任，不过对于这个高升，他极不情愿。当年全国人代会期间，高德荣见到时任云南省委书记白恩培，直截了当地提出自己的要求："我离不开独龙江乡，不愿在州里当人大常委会副主任，我是人大代表，就要扎根在群众中间。辞职报告我已经递交了，请您尽快批一下。"

"他的两个选择我都很理解。"贡山县政协原主席赵学煌说，老高幼年家贫，知道独龙江人民生活的艰辛。回完小教书，是想提高乡亲们的文化素质，带领群众走出贫困；而向省委书记当面辞官，也是因为他一直心系独龙江乡，那里才是他的根和魂。

"老县长"自己也说，生活在群众中让人过得更充实，漂浮在官场上使人越来越浮躁。

而今，"老县长"的故事流传开来，成为独龙江乡群众、干部做人做官的榜样，心头的路标。

他心系群众，一心为民。"群众的生活一天比一天好起来"，是他最大的快乐，而为了这个快乐，他夙兴夜寐，和时间赛跑。

他务实勤奋，无私无畏。向有关部门要钱，向总理要路，这些在旁人看来"大胆"的行为，在他眼里都是理所当然的事情。他只想"为贫困山区少数民族发展进步多找点路子，多想点办法，让独龙族永不掉队"。

他清廉奉公，一身正气。领导安排他出国考察，被他当面回绝，"独龙江乡连省内其他贫困地区都比不了，去发达国家考察有什么意义？"

......

离开独龙江乡时，耳边传来一曲快板书——

老县长，手机响

那是百姓有事讲

老县长，背竹篮

农用家具往里装

老县长，坐火塘

促膝交谈拉家常

......

（原载《 光明日报 》2013年11月11日）

31

为了4 000同胞的幸福

云　轩

　　独龙江乡，一个位于云南省怒江傈僳族自治州贡山独龙族怒族自治县的小乡镇，一个位于中缅边境线上的边远民族山乡，是全国唯一的独龙族聚居区，目前有4 000多独龙族群众生活于此。

　　为了让独龙江乡早日改变交通闭塞、基础落后、发展迟缓的旧面貌，让4 000多同胞过上幸福生活，生于斯长于斯的独龙族干部高德荣，参加工作38年来，心里永远记挂着贫困群众，放弃省城、州府相对优越的生活和工作条件，毅然申请回到独龙江畔，与群众一起坚守在独龙江乡脱贫发展的第一线，不求回报，不谋私利，尽自己所能带领群众脱贫致富。

选择了独龙江，就选择了担当

　　没去过独龙江乡的人，不会了解这里的偏远——这个深藏在独龙江河谷的地方，从省会昆明出发到州府六库有近560千米，从六库到贡山县城要在狭窄的沿江公路走240多千米，而从县城到独龙江乡还要在路况更差的简易公路穿越高山深谷再艰难行进90千米，连这条路都是1999年才修通而且每年有半年时间因大雪封山而中断。新中国成立后，这里的独龙族同胞由原始社会直接过渡到社会主义社会，但由于偏远的地理位置、落后的基础条件等因素，这里始终未能彻底摆脱贫穷落后的面貌。

可以说，从独龙江往外走一步，就离繁华和舒适更近一步。本来高德荣有很多机会到省城、州府工作，可他都放弃了，因为他放不下这份牵挂。他说："独龙族同胞还没有脱贫，独龙族是祖国56朵花当中的一朵，再不加快脚步同其他民族一道过上小康生活，那就是给祖国母亲抹黑。"

高德荣1954年3月出生，1975年7月毕业于怒江州师范学校，并留校参加工作。1979年，年轻的高德荣主动离开州师范，回到家乡偏远的贡山县独龙江乡巴坡完小任教。27年之后的2006年，由乡长当到县长，即将升任怒江州人大常委会副主任的高德荣，再一次选择了放弃到条件相对优越的州府工作，主动向组织申请把办公室设在独龙江乡。

其实远不止这两次，几十年间，他还有很多机会到省城、州府工作，但他都放弃了。他放不下的是那份对民族、对群众的深深眷念，还有作为一名共产党员、一名独龙族干部沉甸甸的责任感。他常说："我们当干部、当领导的能不能走群众路线，首先看对群众有没有割不断的实实在在的感情。"

老同事、贡山县政协原主席赵学煌说，高德荣幼年家庭贫困，是党和政府以及独龙江的乡亲们养育他长大，又给了他上学读书、参加工作的机会，他与家乡、与独龙族乡亲们那种血肉相连的感情是与生俱来的。

也许，从20多岁时决定回乡任教那时开始，他早已决定要把一生的精力都奉献给独龙江和乡亲们，所以27年后的决定也就不难理解了。

多年来，不管在家乡任教，还是到乡里、县里工作，高德荣始终坚持一个目标：如何让独龙江乡、让贡山县尽快发展起来，让群众过上更好的日子。从引领全乡、全县发展大计的使命感，到关怀一家一户群众生活冷暖的人情味，对于高德荣来说，坚持群众路线，一切为了群众，是他从未改变的信念和准则，他始终带着深厚感情、带着政治责任、带着敬畏之心，和人民群众打成一片，全心全意帮助群众解决实际问题。

坚守在独龙江，就坚守着责任

每年快到封山和开山季节，高德荣都要驻守雪山，少则一星期，多则一两个月，与交通部门的同志一道，一铲铲、一锄锄刨开雪堆，为的是让独龙江的开山期长一些，让为独龙族群众运输物资的车辆多走一些，给在独龙江施工的人们多留一些运输材料和物资的时间。

可为了这个简单的愿望，2007年5月，高德荣差点下不了雪山——他和褚利光、鲁春平一起被突如其来的雪崩掩埋，幸亏在场的交通局装载机手阿塞及时发现，才把他们救了出来。"这样的经历太多了，在独龙江工作你免不了这些危险。"现在谈起那些在独龙江这条路上的历险经历，高德荣在谈笑间已不当一回事，"新隧道开通后，这些危险都将全部消失"。

老同事、现任怒江州委宣传部常务副部长稳宜金回忆说：有一年，大雪封山在即，新招聘的16名教师和医务人员必须立即赶赴独龙江乡工作，时任县长的高德荣叫上稳宜金，亲自护送他们进独龙江乡。大雪已经覆盖了道路，患重感冒的高德荣坐上第一辆车开路，艰

高德荣箴言

没有党的培养，你什么都不是，不能当一点官就自以为是。

难地行进在雪地里，一路上不知多少次要用手刨开雪寻找路径。整整一天，车队只行进到48公里处，天黑了只好就地露营。第二天一早，高德荣继续在风雪中刨雪探路，他的头发、眉睫都结了冰。第二天，车队冒雪安全抵达独龙江。高德荣说，医务人员和教师就是独龙江的宝贝，独龙江的群众实在太需要他们了。而群众的需要，在他看来，就是党员干部义不容辞的责任和使命。

2005年2月，持续暴雪导致贡山全县的电力、交通、通信全部中断，大量民房和农作物、牲畜受损，直接经济损失7 132万元人民币。时任贡山县委副书记、县长的高德荣，和其他领导紧急召开抢险救灾工作会议，及时部署抗灾抢险任务。多年的抗灾救灾经验告诉他，大雪一停，随之而来的很可能就是雪崩和泥石流，如不提前预见和及时处置，将造成更大的人员伤亡和经济损失。

危急时刻，他亲自担任任务最为艰巨的道路抢修组组长，夜以继日奔波在灾区。10多天里，他跑遍了怒江沿岸的二十几个村委会。每到一处，他挨家挨户了解灾情、慰问灾民，坚守第一线带领干部群众抢险救灾。

2月18日，高德荣带着救灾工作组来到吉束村时，公路被雪崩阻断，为了掌握更远处村组群众的受灾情况，他对大家说："今天我们走也要走到双拉娃村。"深厚的积雪加上连日的阴雨，道路又湿又滑，冰冷的雪水不断渗入鞋里。3个多小时后，他们终于到达了双拉娃村。一到村口，就看见大约有200多名村民站在路边等待着他们的到来。"很多人都哭了起来，高县长来了，大家都心安了，泪水却忍不住掉了下来。"当时和高德荣一同前往的一位同事回忆说。

工作在独龙江，就是为4 000同胞谋幸福

认识"老县长"的干部群众都说，高德荣是一位坐不住办公室的人，他的"办公室"在田间地头、在施工现场、在百姓的火塘边。高德荣常常说："一大堆计划不如为群众办一件实事。"

高德荣是这样说的，更是这样扎扎实实地领着群众干的，在履行好帮扶工作一线全盘指挥工作职责的同时，积极问政于民、问需于民、问计于民，根据独龙江乡自然气候特点和当地群众的实际情况，带领群众在密林深处套种草果、花椒、重楼等，还发展起中蜂养殖。

"老县长养蜂比我养得好，他干什么都喜欢琢磨，你看他的蜂箱制作技艺和摆放都高我们一筹。"巴坡村委会木拉当小组村民木林功是当地有点名气的养蜂人，他家有80多桶蜂箱，虽然蜂箱数量不少，但蜜蜂进洞筑巢比例低、产量不高的问题，一直困扰着他，这也是其他养殖户普遍遇到的情况。

"最保守计算，平均一箱蜂蜜卖60元，如果一家人养了15箱，蜂蜜就能有近1 000元的收入，那也不错了，农民找一分钱都不容易。"高德荣算了这样一笔账后，4年前就带头养蜂。凡事爱钻研的他，总结了大家的养蜂经验，并留意中蜂生活习性，很快他的蜂箱"存桶"率就达到50%。现在，他每碰到一个中蜂养殖户都把自己的经验传授给他们。

　　"独龙江乡的草果种植业发展，也是老县长带的头。"独龙江乡党委书记和国雄介绍说，早在2007年高德荣就邀请专家开始探索草果种植，并自己率先示范种植。独龙江乡气候湿润、雨量充沛，十分适宜草果生长，草果作为产业发展建设中的主打项目被确定下来。目前，独龙江全乡累计种植草果31 000亩。2012年，亩产500公斤以上的已有20户，全乡草果收成达到80吨，按每公斤6.6元计算，仅草果一项，全乡农民收入近53万元。巴坡村委会拉娃夺村民小组的王文强家今年草果收获1 020公斤，收入6 000多元。

　　2010年1月，云南省委、省政府启动独龙江乡整乡推进独龙族整族帮扶项目，计划用3～5年时间，总投资约10亿元，实施"安居温饱、基础设施、产业发展、社会事业发展、素质提高工程、生态环境保护与建设工程"六大工程。高德荣深知，这是难得的历史机遇，独龙族人和独龙江乡彻底改变贫穷落后面貌的机会终于来了，必须抓住这个机会，带领群众彻底改善独龙江乡的基础设施、发展可持续的富民产业、从根本上改变独龙族群众的思想观念，一个民族的长远发展和进步最终还是要靠广大群众自我发展能力的不断提升。

这一次，他把"办公室"设在独龙江乡的决心更加坚定了。"上级照顾我们，其他兄弟民族支援我们，是因为我们落后，戴着落后的帽子一点都不光彩，太难看了。不要总想伸手要，要多想想如何放手干。"面对这样大好的发展机遇，高德荣对乡村干部和独龙族群众谆谆教诲。

"去年雨水太多，严重影响了中蜂、草果等种养殖业产量和其他项目工程进度，所以我最关注天气预报。"进驻独龙江乡几年来，高德荣除了每天的新闻联播必看外，早晚绝不会漏看的节目就是天气预报。"我们要争分夺秒利用好封山期间每一天，千方百计抓好各项目工程质量和进度，各村组庭院整治……"2013年春节期间，年未过完，他就召集起州委独龙江乡工作队和乡党委、乡政府负责人，部署了下一步工作。"独龙江大雪封山，但观念不能封、学习不能封、工作生产不能封。"这是高德荣总结的独龙江精神。

如今，独龙江畔草果飘香，蜜香四溢；国家免费建盖的一幢幢别墅式的农家小院拔地而起，宽敞平整的柏油路通向独龙族各村寨；新修建的从县城通往独龙江乡的公路正在进行隧道项目的工程攻坚，争取2013年底或2014年初通车，彻底结束独龙江乡半年大雪封山的历史；独龙族群众和山外的城里人一样享受起互联网、移动电话、数字电视等现代科技带来的便利和多彩……

（原载《党建》2013年第10期）

独龙族群众的好儿子

《经济日报》记者 周 斌

2013年10月26日下午，由于在云南贡山县城等着给汽车加油耽误了3个多小时，加上一路采访，到达独龙江高德荣培训基地时，已是晚上9点。在这个专门培训独龙族群众实用技术的地方，我们采访组一行十几人，伴着彻夜不灭的长明灯，头枕哗哗流过的独龙江水，和衣睡在嘎吱作响的楼板上，就这样进入了高德荣的独龙江世界。

民族干部的无限忠诚

以记者多年从事新闻工作的经验来判断，高德荣不是一个理想的采访对象。他几乎不愿长时间坐下来与记者交流，我们对他的采访，是跟在他后边小跑着进行的。他对记者的连续提问也不感兴趣，甚至本能地反感谈他自己，要从他口里直接得到细节几乎不可能。但这无形中加重了我们的好奇心，以及对他个人魅力来自哪里的追索。

回顾高德荣的人生轨迹，青少年时代，走出独龙江是他最大的梦想。1975年，高德荣从怒江州师范学校毕业留校，后来还担任了学校团委书记，为实现梦想迈出了坚实的一步。1979年，25岁的高德荣出人意料地向组织提出申请，要求调回独龙江乡工作，到独龙江乡巴坡完小当一名教师。后来，他从乡政府办事员干起，然后是乡长、县长、州人大常委会副主任，又一次走出了独龙江。2006年，高德荣再次向组织上要求回到独龙江工作，2010年，他担任怒江州委独龙江帮扶领导小组副组长，在独龙江长期蹲点。两次走出独龙江，又两次回到这里，这已经远远不是个人奋斗和自我价值实现能够解释的了。

这几年，通过高德荣和一大批领导的呼吁，党中央和云南省委、省政府对独龙族群众的脱贫工作空前重视，在这里实施了整族帮扶、整乡推进扶贫工程，独龙江发生了翻天覆地的变化，曾任独龙江乡乡长的高德荣知名度也越来越高。一次，有人跟他开玩笑说："高德荣，你就是独龙族的头人。"他不假思索地回答，"我是独龙族的儿子，共产党才是独龙族的头人！"对党、国家和民族忠诚，对于高德荣来说，绝不仅仅是口号，而是实实在在的行动。中共怒江州委书记童志云接受采访时说："高德荣身上集中体现了党员领导干部的4个品质，忠诚、责任、为民和奉献。"

环境保护与产业建设并行

云南地处边疆，但最偏僻难至的地方莫过独龙江。这里是我国独龙族唯一的聚居地，独龙江乡面积接近2 000平方千米，散居着4 000多名独龙族群众。新中国成立后，这里的独龙族同胞由原始社会直接过渡到社会主义社会。极度偏远的地理位置、落后的交通基础设施，使这里始终未能彻底摆脱贫困。

在这次采访之前，记者曾两次见过高德荣。第一次是2005年3月8日，在全国两会期间，高德荣作为人大代表围绕科学发展观讨论

时发言说："我的家乡独龙江是生态保护最好的地区，森林覆盖率高达98％，但至今贫困程度深，当地群众仍然过着半隐居的生活。因此，保护不能绝对化，开发不能随意性。只讲保护不发展不行，只讲发展滥开发更不行。"

第二次见到高德荣是2012年。这次再见高德荣，国家花几十万元为独龙族群众免费建盖的农家小院已经大部分落成，统一建盖的房屋色彩艳丽，掩映在独龙江畔的绿阴之中。世代散居在深山密林中的独龙族群众搬出了深山，宽敞平整的柏油路通向独龙族各村寨。独龙族群众和城里人一样拥有了互联网、移动电话、数字电视等现代科技带来的便利。基础设施改善后，高德荣的关注点开始转向绿色产业，利用独龙江的自然优势开展规模化种植，养蜂、养独龙牛，发展特色旅游，力争使独龙江走出"富饶的贫困"。面对即将展开的产业建设，高德荣一直在努力保护独龙江优美的环境。

最近，在高德荣的力推下，独龙江乡制订了最严苛的环保管理规定——"禁止销售瓶装酒"，因为无法回收的玻璃瓶会污染这里的环境。

贡山县常务副县长熊汉峰是一位普米族干部，多年工作在独龙江，见证了这里的发展变化。他说："我在高德荣身上深深感受到了他对独龙族群众的责任，从某种意义上说，是他带领整个独龙族走出了大山，并开始融入现代社会。"

心系家乡默默奉献

10月26日中午，利用在贡山县城午饭前的时间，我们参观了高德荣在县城的家。他家在一栋20多年前建的旧楼里，位于一楼的房子光线昏暗，屋里家具简陋，墙壁和天花板已被取暖的烟火熏黑。如果不是墙上几张高德荣参加各级人代会的合影大照片，真无法想象这是曾经的贡山县县长的家。本来，如今任怒江傈僳族自治州人大常委会副主任的高德荣还可以在州府六库有房子，但是他不要。不要房子，可以补一笔钱，他也不要。

25日下午，在六库，州委宣传部邀请与高德荣多年共事的同志与记者座谈，高德荣的女儿高迎春也参加了。到她发言时，她竟泣不成声。她说，小时候，父亲的形象在记忆里是模糊的。因为晚上父亲回来她已经睡了，早上起来上学他又走了。长大后，姐弟几个也没有得到父亲的多少关照。父亲的很多事，大部分是别人告诉她的，"今天听叔叔们讲了父亲做的那么多好事，我实在太感动了。想想过去对父亲的诸多不理解，现在终于明白了。"

27日中午，记者一行在孔当村吃中午饭。高德荣戴的一块双狮表引起了记者的注意。一问，果然是高德荣20多年前参加国庆观礼团时得到的纪念表。因为戴的时间太长，表已经不太准了，但他始终舍不得扔。再看他身上穿的衣服，是一件洗得发白的蓝色中山装，在阳光照射下显得十分陈旧。高德荣曾经讲过："我们全家人都是拿工资的，我家脱贫了，但我们的民族还没有脱贫，怎么好意思去打扮自己呢？与其花钱去打扮自己，还不如去打扮自己热爱的家乡。"

在独龙江采访期间，记者曾几次悄悄拉住遇到的独龙族群众，指着高德荣的背影问认不认识，他们都笑着说"他是我们的老县长"。记者又问"他人怎么样？"大家都异口同声地说"好！"再问"怎么好？"他们几乎都会害羞地说，"不会说。"记者似乎读懂了高德荣，在这片纯净的土地上，面对如此淳朴善良的同胞，除了默默地奉献，任何语言都是多余的。

10月28日一早，我们结束采访准备返程。告别时，高德荣难得地对我们发表了一番"激情洋溢"的讲话："山顶刮来的风冷了，估计上面下雪了，独龙江半年大雪封山的时间日益临近。但是，我要提前告诉大家一个喜讯，这是独龙江最后一次大雪封山。在全国人民的关心支持下，明年初，随着高黎贡山独龙江隧道打通，千百年来独龙族人民与外界半年隔绝的日子就会结束！"站在寒风中的记者一行，听得热血沸腾。

（原载《经济日报》2013年11月11日）

独龙王：好山好水是族人财富

《文汇报》记者　金久超

"独龙王"是外人对高德荣的尊称。他更喜欢别人叫他"老县长"。

"三次解放"都等来了，这些大石头算什么？

现在剽牛祭天的仪式越来越少，很多当地的年轻人从小到大也未必见过。

镜头里的美景，是这位老县长最为看重的："这些好山好水，是独龙人最珍贵的财富，也是最需要一代代传下去的宝藏。"

独龙江有个"独龙王"，也就是独龙族的"头人"。

"独龙王"是外人对高德荣的尊称。相比较而言，他更喜欢别人叫他"老县长"。2012年58岁的高德荣，在贡山县当了10年县长，这些年里独龙江乡大大小小的变化，大多与他密不可分。

老县长很忙，县里乡里两头跑，约他见面的时间一改再改。谁也没想到，最终的相遇会出现在遭遇塌方的半道上。

巨石"卡壳"

对于独龙江乡来说，这天是个大日子。

独龙江乡的第一所养老院下午开张，很多关心独龙江的人借这个难得的机会进山一看。为此，高德荣特意换上了那件只有在重大节日才穿的七彩独龙马甲。

中午时分，进山的车队在蛇形的独龙江公路上，弯弯曲曲排起一长溜儿。

独龙江乡做足了准备，几台装载机和挖掘机早在前一天便开足马力对付这崎岖路上的各处塌方。用公路养护方的话来讲，当天的路况应该是"保通"。

没料到的是，进山车队最终还是在距离孔当村13公里的山腰上，遭遇"卡壳"——一块数十吨重的巨石随着清晨的大雨滚落，把一处本该"保通"的转角，完全堵死。

高德荣下车朝着巨石走去。

"老县长！""老县长！"每经过一个车窗，里面的人都会伸出手来打招呼。高德荣挨个儿和大家握一把，说上几句，再继续往前走。

高德荣经过一辆几乎被泥水完全包裹的越野车，里面坐着李金沙一家三口。李金沙是乡里的干部，也是高德荣的老部下。自从4年前被调到独龙江乡工作，他就再也没见过100多公里外的藏族妻子杨

晓琴和儿子李弋。

对于跟家人的长期分别，他也没多想，只觉得"来到独龙江，看到这里艰苦的环境，就想着一定要把它建设好"。每年除夕夜，被大雪困在独龙江乡的李金沙，都是在老县长家的酒桌前给妻儿打电话，以至于今年刚5岁的李弋，动不动就会推开眼前这个抱着他的"陌生人"。

能接着老婆孩子来自己工作的地方走上一遭，李金沙很满足："李弋乖，这边的路就是这样，开着开着就要堵堵，今天还算好的呢，一会儿应该就通了。"

不远处的塌方点上，装载机对付不了巨石；爆破，一次两次都没能炸开……

就这样，一个小时，两个小时……

高德荣早已和大家唠完一圈，皱着眉在转角处站了许久。透过时而升腾的白雾，他能看见对面弯道里那些同样焦急等待通过的乡亲，塌方的巨石则隐没在雾气中。

此刻的高德荣，有些烦闷。

同为老相识的王师傅见状下车走上前，拍拍老县长的肩膀，递去一支烟："听说挖掘机就快到了，最多也就再等两个小时，别着急。'三次解放'都等来了，这些大石头算什么？"

王师傅口中的"三次解放"，对身处独龙江两岸的4 000多名独龙族人来说，意义非凡。

"三次解放"

山脚下的这条独龙江，发源于西藏伯舒拉岭的东南部，流经云南的高黎贡山和担当力卡山之间，向南流入缅甸，最终汇入印度洋。在独龙江流域，群山环抱，云雾缭绕，年平均气温16℃，年降雨量为2 900～4 000毫米，是全国降雨量最多的地区之一，空气湿度达90%以上，而每日的平均日照不足4小时，山顶终年积雪，河谷地带却闷热潮湿。

每年12月至来年6月初，大雪封山，此时的独龙江完全与世隔绝。

高德荣告诉记者，以前，独龙族就是根据大雪封山来确定日期的。从当年的大雪封山到次年的大雪封山为一年，并根据月圆、月亏、花开、鸟叫来计算年历："独龙族人把一年称为'极友'，每月称为'数朗'，从月亮最圆的那天起至第二次月亮最圆时算为一月，在有的地方，则把一年分为花开月、鸟叫月、烧火山月、播种月、收获月等10个季节。每当桃花盛开，'吉克拉'鸟叫时，及时播种；当'省得鲁都'鸟叫时，播种停止。像这样原始的花开鸟叫，虽然不太准确，但却是独龙人在长期生产实践中的一种创造。"

独龙族人旧称"俅人"，曾备受奴役和压迫，直到1949年新中国成立才获得新生，那就是他们所称的"第一次解放"。1952年，周恩来总理亲自为他们定下了这个响亮的名字——独龙族。作为一

个"直过民族",独龙族从原始社会直接过渡到社会主义社会,但由于自然条件恶劣、社会历史发展滞后等原因,之后的很长一段时间,独龙江乡仍是一个集"边境、民族、山区、贫困、落后"为一体的封闭、半封闭河谷区域。而这一切落后的根源,都和"路"脱不开干系。

在独龙江公路建成之前,独龙江乡只有一条1964年全线开通的从贡山县城攀越高黎贡山的人马驿道。每年开山期间,政府组织马帮抢运粮、盐、衣料和油等过冬物资,以保证封山期间独龙族同胞的正常生活。在那一路上,随处可见被累死骡马的骨骸。虽然马帮为独龙族起到了雪中送炭的作用,但说到底还是一种非常原始的运输方式,无法改变独龙江乡的闭塞和落后。

尽管巨石已经堵了3个多小时,说起这条路,高德荣还是满脸自豪,他喜欢把它比作独龙江的"第二次解放":"独龙江公路1999年通车,在这之前,独龙江是全国唯一没有一寸公路的少数民族地区。以前,'公路''铁路''高速',这类词语根本就不在我们的字典里。独龙族的路,都是那些悬崖上的羊肠小道、巴掌宽的独木桥,还有江面上几十米长的溜索。"

一旁的王师傅也是土生土长的独龙族人,当初得知公路要开通了,他第一时间徒步去县城报名学驾驶:"没通公路之前,走出去至少得花整整两天,还会遇上蚂蟥、毒蛇、泥石流……现在开车,虽说也常遇堵,但顺利的话至少4~5个小时就能开到贡山县城了。"

在高德荣看来,独龙江的"第三次解放",始于2010年。那一年,云南省委、省政府开始实施独龙江乡独龙族整乡推进整族帮扶三年行动计划。这一计划的目标,是要围绕实施安居温饱、基础设施、产业发展、社会事业、素质提高、生态环境保护与建设等六大工程，让独龙江人民真正迈开步子，奔向幸福生活。

为了帮助独龙族完成发展任务，远隔3 300公里的上海也伸出援手。负责对口帮扶独龙族具体工作的上海市民族和宗教事务委员会，计划投入资金5 000万元，用于独龙江乡6个村的安居房建设、7个村的整村推进和5个民族文化旅游村的建设。

如今，只要驱车沿着独龙江公路行进，时不时就会发现狭窄的道路两旁支着一顶顶简易帐篷。在建设中的高黎贡山隧道出入口，庞大的重型机械把路压得只能用"烂"来形容。行走在独龙江乡间的小道上，也随处可见操着不同口音的施工人员，路旁则是修葺一新或是建设之中的新式民居。

在建设基础设施的同时，村民们还尝试通过种植经济作物，增加收入。这两年，全乡已种植草果3万多亩、花椒8 700亩、核桃1 000亩、董棕650亩，并开展大棚蔬菜、地膜包谷种植，扶持中蜂、独龙鸡、独龙牛和生猪等养殖业。"还有就是旅游产业的开发。独龙江虽然封闭，但风景却像世外桃源一般，或许五六年之后，这里是又一个九寨沟。"

正和老县长聊得起劲，前方传来了好消息——路通了。一看表，已是下午5点。

"五星级"养老院

敬老院里的老人也已等了3个多小时，不过他们并不着急。一方面，他们很清楚路不好走；另一方面，眼前的一切是那么新鲜。

又过了半个多小时，车队终于到了。

两个在路口瞭望的小伙忙不迭地跑了回来，点燃了地上的鞭

炮。这两串鞭炮，还是过年时的存货。"噼啪噼啪……"鞭炮声有些沉闷，而且迟缓。显然，受潮了的"大地红"打了折扣，不过这没有影响老县长转好的心情。走上台，接过话筒，环顾3幢新楼，高德荣兴奋地介绍起身边远道而来的宾客。身披独龙毯的独龙女子用竹筒给每一位来客斟上了水酒。

"吃酒！"高德荣抬起手，一饮而尽。

仪式一结束，人们在高德荣的带领下参观崭新的养老院——两人一间的卧房、宽敞的食堂和餐厅、摆放着42英寸液晶电视机的活动室，就连洗手间里也贴心地给声控灯加上了方便老人的按钮开关……毫不夸张地说，这独龙江第一所养老院，俨然已跃升为乡里的"五星级"场所。

住在105室的孔奶奶今年82岁，上午刚搬进来的她，正在从竹

篓里把自个儿的家当一样样往外掏。看到屋子门口这些陌生人，孔奶奶羞涩地停下了动作。"孔奶奶，大家来看你了！"望着高德荣，孔奶奶还是不作声，只是一个劲儿地冲着眼前的一张张陌生脸孔微笑。

此时，敬老院的操场上，乡亲们已迅速摆好了十几桌"流水席"。为此番"盛事"特意宰杀的独龙牛，作为主菜放在了每张小方桌的中央。高德荣说，以前每逢重大节日，独龙人还会举行一种叫"剽牛祭天"的仪式来祈福，人们把披着独龙毯的牛拴到木桩上，然后敲起铓锣、挥刀弄矛，对牛起舞。随后，由主持者用竹矛对准牛的腋下猛刺过去，瞬时鲜血飞溅，牛被剽倒致死。"对外人来说太血腥了，所以现在剽牛祭天的仪式越来越少，很多当地的年轻人从小到大也未必见过。"

饭桌上，来给高德荣敬酒的人一个接一个，以至于他每隔一小会儿就要从小板凳上站起。那些曾经为乡里做过贡献的人，当晚

高德荣箴言

教育上不去，发展就上不去，我们再不能生产文盲和穷人了。

都成了"座上宾"。53岁的王秀芳，在乡里搞了33年妇联工作。曾经，她从中央台的新闻里看到了"敬老院"这个名词，之后便多次呼吁有关部门能为独龙江也修建一所敬老院，以解决孤寡老人的养老问题。如今，这个退休3年的妇联主任，终于如愿以偿。

酒足饭饱过后，操场的中央燃起了篝火。人们围成圈跳起了舞，把老县长围在了中间。此刻的高德荣已有些醉眼蒙眬，眯着眼打量起周围的人，脸上泛着红光。

影像"推介"

独龙江的早晨，天气有些阴，延绵了好些日子的雨水也停了下来。在吃早饭的时候，我又撞见了高德荣，被他热情地邀请到了家里。

或许是经常招待宾客的缘故，他家的客厅（也是伙房）很宽敞。一进门，就能看到屋子正中间墙壁上的毛主席画像。一侧的窗户下，一长串的沙发上铺着独龙毯，至少可以坐上十来个人。

两个烧得很旺的火塘周围，已经围坐了几位客人，他们都是头一天从县城赶来见证"大日子"的新老朋友。高德荣一边让他们吃火上烤着的小洋芋，一边招呼大家坐下："独龙族人从来都很好客。可能是因为路太难走了，哪怕大家互相不认识，走累了也可以随便找户人家进去歇一歇，烤烤火，再吃点东西，彼此交换一下地址，下次主宾也就互换了。"锅里的洋芋，只有硬币大小，煮熟后的香味却格外诱人。高德荣说，这是独龙人招待客人的"标配"。

不一会儿，又来了一拨客人。火塘边已没有空位，高德荣把他们引向了沙发。在沙发边的矮柜上，放着几张大照片，那是高德荣去北京参加全国两会时照的。照片里的他，照例穿着那件帅气的独龙马甲："你们知道吗，今年的十八大，我们独龙族也会有代表去参加。"大家听着，望向了角落的液晶电视，画面里是高黎贡山覆盖在皑皑白雪之下的壮观景象。"这是冬天的风景，怎么样，漂亮吧？"高德荣说。

每次只要一有客来，高德荣就会在客厅里播放那张名为《独龙江欢歌》的DVD，结合影像来介绍他的家乡。DVD封面上赫然印着"摄影/摄像：高德荣"的字样，有人好奇地问："老县长，您还擅长这个？"

高德荣的语气很自豪："现在出门，单反和摄像机是我包里的必备品。"说罢，他麻利地拿出摄影包，掀开有些褪色的包盖，里

面是一台松下摄像机和去年新换的佳能600D单反相机。"独龙族封闭落后了这么多年，出去过的人很少，我们有这机会，当然要努力跟上时代，这样才能呼吁更多人来关心、帮助独龙族。"

与专业纪录片相比，DVD中的画面似乎并不完美，但掩盖不了独龙江壮美的"真身"——有灵性的大山起伏逶迤，在云海中时隐时现；巨浪奔腾的独龙江，在雨季咆哮而下；山谷间，静静点缀着的高山湖泊；人马驿道上，是脚夫憧憧的身影，回荡着马帮悠悠的铃声……当然，少不了独龙族男女老少黝黑的脸上深深的笑颜。

8年前，高德荣就有了拍这部纪录片的想法，他的足迹踏遍了独龙江乡的各个角落。拍摄习惯延续至今，每逢出乡，他都会背上摄影包，记下沿路的风景，并非刻意，是情难自禁。

镜头里的美景，是这位老县长最为看重的："这些好山好水，是独龙人最珍贵的财富，也是最需要一代代传下去的宝藏。作为独龙人民的儿子，我有理由也有义务把最好最美的独龙江介绍给外面的世界。"

在纪录片尾声，画面切到了独龙江最常见的一幕：隐匿在大山深处稀疏的茅草屋，升起了淡淡的炊烟……高德荣一直在琢磨，如何守护好这缕延续了无数日夜的炊烟，并让它追上这个时代，以及这个世界。

（《文汇报》2012年7月20日）

封山不能"封"工作

《云南日报》记者 付雪晖 通讯员 王靖生

"老县长,白来小组的滑坡隐患治理工程今天搞完了,挖掘机已过江了。""太好了,就是要争分夺秒利用枯水期抢抓工程进度。"

这是3月8日怒江傈僳族自治州州委独龙江帮扶工作队队长吴国庆与怒江州委独龙江帮扶工作领导小组副组长高德荣的对话。

高德荣是怒江州人大常委会原副主任,贡山独龙族怒族自治县原县长,虽然离开县长工作岗位多年,但大家都还习惯叫他"老县长"。

自2010年1月云南省委、省政府启动独龙江乡整乡推进独龙族整族帮扶工程以来,高德荣时刻都为帮扶工程牵肠挂肚。2013年,是帮扶工程启动以来的第4年,通过3年努力,帮扶工作取得了一定成果,但由于大雪封山、灾害频发、运输困难等因素制约,帮扶项目的推进还有不少困难。

每年的这个季节,高黎贡山的皑皑白雪都会隔断独龙江乡与外界的交通往来。"开山后的工作还有很多,我们要争分夺秒利用好封山期间的每一天,抓好各个项目的工程质量和进度。"这是高德荣随时挂在嘴上的一句话。熟悉高德荣的人都知道,他的办公室永远在路上。独龙江畔火热的施工现场、草果丛中、农家的火塘边都是他的办公场所。也正是如此,他对每一个项目的情况了如指掌。

"炊事员要早上5点多就起床做饭,工人才能早出工。利用现

55

在的好天气抓紧进度，老板也不亏，工人也可以多挣点钱。"今年春节一过，在马库村委会钦兰当村民小组安居房建设现场，高德荣给施工负责人出主意。每年独龙江乡几乎有10个月在下雨，雨水不仅会给独龙江公路和境内乡村公路的保通带来困难，也给野外作业的帮扶项目工程进度带来严重影响。进驻独龙江乡几年来，高德荣除了必看新闻联播外，每天早晚绝不会漏看的就是天气预报，并及时向施工队和乡干部通报。

"农户搞庭院整治，街道搞绿化，树种可以就地取材，这样一是节省了成本，二是保证了成活率，但要抓紧节令。"高德荣认为，帮扶工程要落到实处，除了讲实事求是，还要稳中求快，快中求稳，又好又快。

"如果没有老县长现场指挥，帮扶工程不可能推进得这么快。"说起3年来帮扶工程所取得的成绩，乡党委书记和国雄总要提到高德荣。

（原载《云南日报》2013年3月14日）

老县长的爱民心

——记独龙族干部高德荣（上）

《云南日报》记者　王廷尧　杨　猛　付雪晖　通讯员　王靖生

很多人还没见过他，就听过他的"传奇"，他的故事已在独龙江、怒江沿岸流传多年。

他是独龙江畔土生土长的独龙族干部，担任过贡山独龙族怒族自治县县长，被选举为怒江傈僳族自治州人大常委会副主任之时，却向组织上申请把自己的办公室搬到独龙江乡，毅然选择回到独龙江带领乡亲们修路架桥、发展产业、脱贫致富。他数十年如一日，始终在为改变独龙江乡和独龙族同胞的生产生活面貌而艰苦努力着。

他就是高德荣，虽已卸任县长之职多年，但群众还是习惯亲切地称呼他为"老县长"。参加工作38年来，高德荣不论在哪个岗位上，他花时间最多的事情是与老百姓在一起，他始终牵挂思谋、不停奔走呼吁、付出全部心力的事情是让独龙江、让贡山的老百姓生活好起来。一辈子都不愿远离独龙江畔的他，像高黎贡山、独龙江水一样，质朴而有担当，清澈而情义绵长。他没有什么华丽的豪言壮语，甚至不希望大家过多关注和宣传自己，但老百姓对他的敬重和爱戴，却最好地印证着这位老县长书写在巍巍群山、滔滔江水间的为民情怀。

把办公室搬到独龙江

有人把独龙江称为"世外桃源"，这里青山叠翠，江水清澈，云雾缭绕，民风淳朴，是一个自然风光旖旎、民族风情迷人的美丽地方。

1954年，高德荣就出生在独龙江畔，在他此后的人生岁月里，独龙江就是他永远放不下的牵挂。

1975年7月，高德荣毕业于怒江州师范学校，并留校参加工作，任团支部书记。1979年，年轻的高德荣离开学校，主动申请回到偏远的独龙江乡巴坡完小任教。

27年后的2006年，历任乡长、县人大常委会主任、县长等职务，被选举为怒江州人大常委会副主任的高德荣，再一次选择了放弃到条件相对优越的州府工作，主动向组织上提出"把我的办公室设在独龙江"。

独龙江固然美丽，但在广阔的中国版图上，绝大多数人都不会注意到这个位于贡山独龙族怒族自治县中缅边境线上的偏远民族山乡。然而，这里繁衍生息着我国56个民族之一的独龙族同胞，是全国唯一的独龙族聚居区，目前有4 000多独龙族群众生活于此，至今每年仍有半年时间大雪封山。

没去过独龙江的人，不会了解这里的偏远——从省会昆明出发到州府六库有近560公里，从六库到贡山县城要在狭窄的沿江公路走240多公里，而从县城到独龙江乡还要在路况更差的简易公路穿越高山深谷再艰难行进90公里，连这条路都是1999年才修通而且时至今日每年仍有半年时间因大雪封山而中断。新中国成立后，这里的独龙族同胞由原始社会直接过渡到社会主义社会，但由于极度偏远的地理位置、落后的交通基础设施条件等因素，让这里始终未能彻底摆脱贫穷落后的面貌。

几乎可以说，但凡从独龙江往外走一点，就离繁华和舒适更近一点。其实除了这两次，工作多年来，高德荣还有很多机会去州里、省里工作，可他都放弃了。为什么对独龙江如此痴情，始终不愿离开这片美丽却贫穷的土地和他的独龙族乡亲？

高德荣说："独龙族同胞还没有脱贫，独龙族是祖国56朵花当中的一朵，再不加快脚步同其他民族一道赶上小康生活，那就是给祖国母亲抹黑。"

他放不下的是那份对民族、对乡亲的深深眷念，还有作为一名共产党员、一名独龙族干部沉甸甸的责任。

老同事、贡山县政协原主席赵学煌说，高德荣幼年家庭贫困，是党和政府以及独龙江的乡亲们养育他长大，又给了他上学读书、参加工作的机会，他与家乡、与独龙族乡亲们那种血肉相连的感情，与生俱来。

　　也许，从20多岁时决定回乡任教时开始，他已决定要把一生的精力都奉献给独龙江，所以他27年后的决定也就不难理解了。

　　去年，高德荣的老伴退休了，也跟着老高一起长住独龙江，老两口算是把家都搬了进去，高德荣更是一心一意扑在独龙江的帮扶建设工作上了。

38年始终牵挂独龙江

　　"这老头子怎么还没有回来，说好一起吃晚饭的。"2013年3月5日，是高德荣59岁的生日，老伴马秀英早早做好饭等着他，却迟迟不见他回来。虽然心里还是焦急，但这样的事，几十年来马大妈早就习惯了。

　　当天，高德荣去独龙江乡整乡推进独龙族整族帮扶几个项目点巡视督察，忙了一整天，路上车子又出了毛病，折腾到夜里才到家。

　　这样早出晚归、忙忙碌碌的日子，高德荣已经过了30多年了。高德荣先后担任过独龙江乡乡长、贡山县副县长、县人大常委会主任、县长、州人大常委会副主任等职务。参加工作30多年来，他不管在哪个岗位上，想的、干的都是为了让老百姓的日子好过一点。因为直到今天，包括独龙江乡在内的整个贡山县，仍然是贫困面广、贫困程度深的区域，所以他的脚步也一直没有停下来。

　　1988年，在他任独龙江乡乡长期间，就干过一件很多人都觉得不可能的事情。他大着胆子带上乡里的两位干部直奔昆明，向省有关部门反映独龙江的困难。结果他们的真诚和独龙江的实际困难引起了省有关部门重视，一次性给独龙江乡安排了上百万元的项目资金。有了这笔资金，高德荣领着大家扩建了独龙江乡卫生院、中心校，新建了1个小型电站、4座人马吊桥等，初步改善了独龙江乡的基础设施条件。

在高德荣担任贡山县长的5年里，贡山县委、县政府制定了"抓好生态、打牢基础、培植产业、开辟财源、强县富民"发展战略，按照"生物经济强县、矿电经济富县、民族文化旅游活县"的发展目标，突出培育以"水电、矿业、旅游、边贸"为主的特色产业群体，克服了发展中的诸多困难，经济结构战略性调整取得实效，基础设施明显改善，经济实力显著增强，人民生活及居住环境逐步改善。2005年，全县生产总值（现价）达到16 182万元，比"九五"末期增长69.9%，累计完成全社会固定资产投资44 843万元，比"九五"期间累计增长37.9%。

然而，作为一个偏远县份里最偏远的乡镇，独龙江乡和独龙族群众的发展仍然落后而迟缓。

始终牵挂着独龙族群众的高德荣，在得到州委和州人大常委会同意之后，于2006年回到了独龙江，作为州人大常委会副主任，根据工作分工，他负责联系在贡山县的州九届人大代表及帮助指导贡山县的重大项目工作。

回到独龙江的这7年里，高德荣带领群众搞基础设施建设，发展草果、重楼、养蜂等致富产业，虽然已年过五旬，但老县长依然干劲十足。尤其是2010年省委、省政府启动独龙江乡整乡推进独龙族整族帮扶项目后，高德荣兼任州委独龙江帮扶领导小组副组长，为了抓住这个对独龙江来说千载难逢的重大发展机遇，他更是没日没夜地奋战在项目建设一线。

2012年，高德荣从州人大常委会副主任岗位上卸任了，但州委保留他的"州委独龙江帮扶领导小组副组长"职务。已经58岁的他，对代表组织前来谈话的州委领导表态："这个头衔我愿意继续担任，我服从组织的决定，因为独龙族群众还没有脱贫，而且我首先是一个共产党员，其次才是独龙族领导干部，只要工作需要，应该一如既往、不折不扣履行好一个党员的义务。"

解民忧，足迹踏遍独龙江

从引领全乡、全县发展大计的使命感，到关怀一家一户群众生活冷暖的人情味，对于高德荣来说，坚持群众路线，一切为了群众，是他从未改变的信念和准则，因为他一直就站在群众中间，乡亲们就是他的同胞手足，对亲人的关怀、牵挂对他来说，理所应当。他总是说："我们当干部、当领导的能不能走群众路线，首先看对群众有没有割不断的实实在在的感情。生活在群众中让人过得更充实，漂浮在官场上使人越来越浮躁。"

2005年2月13日开始，持续暴雪导致贡山全县的电力、交通、通信全部中断，大量民房和农作物、牲畜受灾，直接经济损失为7 132万元人民币。时任贡山县委副书记、县长的高德荣，和县里其他领导紧急召开抢险救灾工作会议，及时部署抗灾抢险任务。多年的抗灾救灾经验告诉他，大雪一停，随之而来的很可能就是雪崩和泥石流，如不提前预见和及时处置，将造成更大的人员伤亡和经济损失。

危急时刻，高德荣亲自担任任务最为艰巨的道路抢修组组长，夜以继日奔波在灾区。10多天里，他跑遍了怒江沿岸的二十几个村委会。每到一处，他挨家挨户了解灾情、慰问受灾群众，深入第一线带领干部群众抢险救灾。

　　2月18日，高德荣带着工作组视察独龙江公路沿线各村的灾情，来到吉束村时，公路被雪崩阻断。当得知公路短时间内无法修通，为了及时了解更远处村组群众的受灾情况，他对大家说："今天我们走也要走到双拉娃村。"厚厚的积雪加上连日的阴雨，道路又湿又滑，冰冷的雪水不断渗入鞋里。3个多小时后，他们终于到达了双拉娃村。一到村口，就看见大约200多名村民站在路边等待着他们的到来，很多人都哭了出来。"高县长来了，大家都心安了，泪水却忍不住掉了下来。"回忆起当时的情景，老同事们都说，群众都信任老县长，相信有他在就不会有事了。

每年快要到封山和开山季节，高德荣都要驻守雪山，少则一星期，多则两个月，与交通部门的工人一道一铲铲、一锄锄刨开雪堆，为的是让独龙江的开山期长一些，让为独龙族群众运输物资的车辆多走一些，给在独龙江施工的人们多留一些运输材料和物资的时间。可为了这个简单的愿望，2007年5月，高德荣差点下不了雪山——他和褚利光、鲁春平一起被突如其来的雪崩掩埋，幸亏在场的交通局装载机手阿塞及时发现，才把他们救了出来。

"这样的经历太多了，在独龙江工作你顾不了这些危险。"现在提起在独龙江这条路上的历险经历，高德荣在谈笑间已不当一回事，"新隧道开通后，这些危险都将全部消失。"

高德荣总是说："群众的生活一天比一天好起来，是我最大的快乐。"身边的同事都知道老高的习惯，车里总是备着些大米、油甚至锅碗瓢盆等生活物资，在贡山、在独龙江，贫困的群众很多，只要下乡时遇到，高德荣总是给予帮助。"这些年，他的工资恐怕大部分都是这样花出去的。"老同事赵学煌说。

独龙江公路沿线双拉娃村黑娃底三组傈僳族村民肯啊勇、王丽萍夫妇是高德荣帮扶多年的一户困难群众，去年封山前他照例又来看望了他们一家，留下了生活用品和300块钱。

"第一次见到老县长时还在修公路，他来到我家，问我这里能不能种洋芋，我说可以，他就说我送你们洋芋种，你们多种点洋芋好不好？我说'好、好'。"今年38岁的王丽萍身有残疾，丈夫肯啊勇是外来上门姑爷，当年夫妻俩要吃没吃要住没住，是来查看修路情况的老县长高德荣看到他们的困苦，主动开始挂钩帮扶他们。

在这位"第一次见面听口音是独龙族、样子看着像隔壁老大爹"的老县长多年帮扶下，夫妻俩如今有了栖身的房屋，两个孩子也都读上了书，他们也种起了包谷、洋芋、苦荞，养起了猪和羊，日子逐渐好了起来，去年还买了辆摩托车方便接送孩子上学。

老同事、州委宣传部常务副部长稳宜金对跟高德荣一起经历的一件事至今记忆犹新。有一年，大雪封山在即，而新招聘的16名教师和医务人员需要立马赶赴独龙江乡工作，时任县长的高德荣喊上稳宜金，决定亲自护送他们进独龙江。大雪已经覆盖了通往独龙江的路，重感冒中的老高坐上第一辆车开路，艰难地行进在雪地里，一路上不知多少次要用手刨开雪寻找路径。整整一天，车队只行进到独龙江公路48公里处，车队只好就地露营。

第二天一早，雪地行走经验丰富的老高，在风雪中刨雪探路。等老高探好了路，他的头发、眉毛睫毛都结了冰。经过艰难跋涉，车队终于冒雪安全抵达独龙江。

老高说，医务人员和教师就是独龙江的宝贝，独龙江的群众实在太需要他们了。

（原载《云南日报》2013年4月10日）

老县长的急性子

——记独龙族干部高德荣（中）

《云南日报》记者 杨 猛 付雪晖 王廷尧 通讯员 王靖生

　　认识老县长高德荣的干部群众都知道，他是一位在办公室坐不住的人，他的"办公室"在田间地头、在施工现场、在百姓的火塘边。高德荣说："一大堆计划不如为群众办一件实事。"参加工作38年来，他始终是一个说干就干的急性子。担任县乡领导时不是在下面带领群众架桥修路、发展产业，就是到上级部门争取项目和资金；而当选为州人大常委会副主任把办公室设在独龙江乡后，年过五旬的他务实干事的作风丝毫未变，干劲比以前还足。

　　2010年1月，云南省委、省政府启动独龙江乡整乡推进独龙族整族帮扶项目，计划用3～5年时间，总投资约10亿元，实施安居温饱、改造雪山隧道和县城至独龙江公路为代表的基础设施、产业发展、社会事业发展、素质提高、生态环境保护和建设等六大工程。

　　高德荣深知，这是难得的历史机遇，独龙族人和独龙江乡彻底改变贫穷落后面貌的机会来了，大家必须放手干起来。"上级照顾我们，其他兄弟民族支援我们，是因为我们落后，戴着落后的帽子一点都不光彩，太难看了。不要总想伸手要，要多想想如何放手干。"高德荣说。

督促帮扶工程——脚步急

"老县长，白来小组滑坡隐患治理工程今天已经搞完，挖掘机已撤过江来了。""太好了，就是要争分夺秒利用枯水期抢抓类似工程的进度。"2013年3月8日，怒江州委独龙江帮扶工作队队长吴国庆向高德荣汇报工程进度。

2013年是独龙江乡整乡推进独龙族整族帮扶项目启动以来的第4年，也是帮扶工作的攻坚之年。通过3年努力，独龙江乡整乡推进独龙族整族帮扶工作取得了一定成果，但由于大雪封山、灾害频发、运输困难等因素制约，给帮扶项目的正常推进带来了极大困难。

每年的这个季节，高黎贡山的皑皑积雪都会阻断独龙江乡与外界的交通往来。"开山后，事情会很多，会占用很多时间，所以我们要争分夺秒利用好封山期间的每一天，千方百计抓好各个项目的工程质量、进度和安全……"这是高德荣随时挂在嘴上的一句话。

高德荣是这样说的，也是这样做的。独龙江畔火热的施工现场、草果丛中、农家的火塘边都是他的办公场所，因此他对每个项目情况了如指掌。

2013年春节，年还未过完，他就召集起州委独龙江工作队和乡党委、乡政府负责人，部署下一步工作。"独龙江大雪封山，但观念不能封、学习不能封、工作生产不能封。"这是高德荣总结的独龙江精神。

"如果没有老县长现场坐镇指挥，帮扶工程不可能推进得这么快。"说起帮扶工程开展3年来所取得的成绩，乡党委书记和国雄这样说。

截至2012年末，独龙江帮扶"六大工程"总到位资金87 755.73万元，累计完成投资71 396.4万元。帮扶工作初步实现安居住房条件的新跨越、以交通为主的基础设施建设的新跨越、民生事业的新跨越、独龙族群众思想观念的新跨越、生态环境保护与建设的新跨越。以草果为代表的独龙江林下生态产业发展项目粗具规模。

带头发展产业——活计精

独龙族群众要脱贫，发展致富产业，提高自我造血能力很关键。在经过考察研究之后，该乡把种植草果、花椒、重楼，养殖中蜂等作为引导群众发展的重点产业来打造。高德荣是土生土长的独龙江人，搞生产对他来说可谓行家里手，他带领群众搞什么产业，他自己就先成为那项活计的"好把式"。

"老县长养蜂比我养得好，他干什么都喜欢琢磨和研究，你看他的蜂箱制作技艺和摆放位置都高我们一筹。"巴坡村委会木拉当小组村民木林功是当地有点名气的养蜂人，他家有80多个蜂箱，虽

然蜂箱数量不少，但蜜蜂进洞筑巢比例低、产量不高的问题一直困扰着木林功，这也是其他养殖户普遍遇到的情况。

"最保守计算，平均一箱蜂蜜卖60元，如果一家人养了15箱，蜂蜜就能有近1 000元的收入，那也不错了，农民找一分钱都不容易。"高德荣算了这样一笔账后，4年前就带头养蜂。凡事爱学习爱钻研的老高，总结了大家的养蜂经验，并留意中蜂生活习性，很快他的蜂箱"存桶"率就达到50%。现在，他每碰到一个中蜂养殖户就把自己的经验传授给他们。

"独龙江的草果种植业发展，也是老县长带的头。"和国雄介绍，早在2007年，高德荣就邀请专家指导，开始尝试种植草果，

并自己率先示范。独龙江乡气候湿润、雨量充沛，非常适宜草果生长，草果作为产业发展建设中的主打项目被确定下来。目前，独龙江全乡累计种植草果3万多亩，去年草果亩产500公斤以上的已有20户，全乡草果收成达80吨，按每公斤6.6元计算，仅草果一项，全乡农民收入近53万元。

通过几年的基础建设和产业发展，如今的独龙江畔，草果飘香，蜜香四溢；国家免费建盖的一幢幢"别墅"式农家小院拔地而起，宽敞平整的柏油路通向各个村寨；独龙族群众和山外的城里人一样享受着互联网、移动电话、数字电视等现代科技带来的便利和多彩；新修建的从县城通往独龙江乡的公路正在进行隧道项目的工程攻坚，争取明年初通车，彻底结束独龙江乡半年大雪封山的历史……

代表群众建言——实打实

"每次开全国两会，会前老高都会做认真的调研准备，会上每次安排都积极发言，向中央反映独龙江面临的困难，会议期间和会后也想尽办法联系有关部委，争取对独龙江的项目援助支持。"和高德荣一起当选过第十届全国人大代表的怒江州纪委副书记王勇德记忆犹新。曾当选过各级人大代表的高德荣，每年都要在各级人代会上提出促进独龙江、贡山、怒江发展的议案和建议，为独龙江乡、为贡山县乃至怒江州的经济社会发展争取项目、资金和智力支持。

"希望国家进一步加大对边远贫困民族地区基础设施建设的投入力度，进一步提高这些地区基础设施建设的质量和等级。"2005年3月5日下午，出席十届全国人大三次会议的云南代表团举行第一次全团会议，高德荣代表企盼边远贫困民族地区加快发展的急切心情溢于言表。

"我汉话说不好，但还是希望再发个言。" 2005年3月8日，在十届全国人大三次会议云南代表团举行的第二次全团会议上，高德荣再次用不太流利的汉语发言，却立即引起了与会人员的格外关注。"为什么生态越好的地方越贫穷呢？"面对保护与发展的尴尬，高德荣呼吁："保护不能绝对化，开发不能随意性，只讲保护不发展不行，只讲发展滥开发更不行。要在保护中发展，在发展中保护。"

"高德荣代表说得好，生态环境只能积极保护，绝不能消极保护。"时任国家发展和改革委员会副主任、党组副书记王春正表示赞同。时任国家环保总局局长周生贤也说道："我们不能用停止发展来换取保护环境，更不能为了发展来宽容污染，我们要通过优化环境来促进经济社会协调发展。"

一向敢于直言，不是因为他多么"大胆"，而是因为他深深地了解独龙江群众的困难和期盼，他不是在为自己一个人说话，而是在为全体独龙族群众发声，在为一个民族的生存和发展努力。

对西部边疆少数民族地区的扶持、对偏远地区发展与保护的思考，高德荣多年来持续关注和呼吁的这些问题，得到了国家和省里越来越高的重视，对独龙江乃至整个怒江州的发展给予扶持和帮助的力度也逐渐加大，最终促成了独龙江乡整乡推进独龙族整族帮扶项目的落实实施。

（原载《云南日报》2013年4月11日）

老县长的正能量

——记独龙族干部高德荣（下）

《云南日报》记者 杨 猛 付雪晖 王廷尧 通讯员 王靖生

高德荣是一位从独龙江走出来的独龙族干部，不管他在什么岗位，不管他走到哪里，从来都不曾忘记过是独龙江乡亲们哺育了他成长，教会了他做人。

从群众中走来，在自己参加工作的38年时间里，他绝大多数时间都是在基层、在群众中间度过的，他始终站在群众中间，始终坚持着巍峨的高黎贡山、清澈的独龙江水赋予他的坚毅淳朴、正直清廉的本色。

他总是一身朴素打扮，总是说着平实的语言，和大家打成一片，他点子多，说话幽默，精力十足，就像村里的老大爹一样亲切，大家都昵称他一声"高老爷子"。

他不仅带领着百姓脱贫发展，也时时刻刻把自己从民族从群众中汲取到的正能量，散播到周围每个人的身上。

一身正气

不少和高德荣在工作上接触过的人对他都又敬又畏。"畏"的是老县长非常讲原则，事情做得不对，工作干得不好，他绝不留情，任你是谁，一定会严厉批评。而"敬"的是老县长身正风清，工作上投入忘我、敬业奉献，作风上不谋私利，以自身的正直清廉树立威望。

"虽然老高有时候性子急、脾气大，不少人挨过他的骂，但骂有他骂的道理，骂完他也不会记在心里，事后还会主动跟被骂的人搞好关系，而被他批评的人也服气。"老同事赵学煌说。

为了将来把独龙江打造成国家4A级旅游景区，高德荣在1996年独龙江简易公路挖建中就提出，要力争最大限度保护好沿途的植被资源。他在每一次下工地、进村子时总要强调保护植被的问题，如果发现有个别施工队和群众有乱砍滥伐树木的行为时，他不仅会当场严厉批评，还会不讲情面地向乡林业所举报。乡林业自然保护所副所长和小阳说，这3年，老县长举报的案例就不下10件。贡山县林业局局长肖永福也竖起大拇指说："老县长一个人对独龙江动植物的保护，超过我们7～8个森管员的力量。"

在独龙江乡整乡推进独龙族整族帮扶工作中，高德荣负责现场督战安居房、交通道路、素质培训和其他帮扶项目工程的总体推进。这些做帮扶项目的施工队负责人，都很"怕"老县长，因为老县长可不像一般的领导坐在办公室指挥，而是经常在各项目点巡查，哪个项目点是什么情况，安全、质量、进度如何，他了如指掌。每当施工队因主观因素而影响了工程质量、进度和安全工作时，老县长便会毫不客气地训他们一顿。

暖如春风

有人说，老县长有时候像个小孩子，火气来得快、去得也快。不管是为了工作上的事情生气发火，还是高兴的时候一起喝酒唱

歌，他都是把你当自家人，让人感受到他率直纯真的个性背后从内心散发出的温暖。

幽默率性的老高让大家愿意接近，而他也关心身边所有的人。"贡山条件艰苦，人家从外面到贡山工作不容易，对外来干部要关心、要讲团结。"高德荣时常这样对当地干部群众说。他是这样说的，也是这样做的。每当碰上节假日，只要有外来干部回不了家过年，他都会陪着他们一起过。

在独龙江搞建设的施工队伍，高德荣虽然对他们要求严格，但对他们的生活却非常关心，逢年过节，他总要带点礼品去看望、慰问、鼓励工人兄弟。

今年元旦和春节期间，留守独龙江的乡党委、乡政府干部职工、医疗队员、部队官兵、学校老师都被高德荣请到家里吃了顿团圆饭。"这是老县长逢年过节的惯例，有他在，我们远离家人也能时时感受到家的温馨。"乡党委副书记、纪委书记余茂祥说。

"同志们辛苦了！我们代表州、县、乡党委政府来看望慰问你们，希望你们在确保安全和质量的前提下，狠抓进度，为早日结束独龙江大雪封山的历史做出贡献！祝你们春节愉快！"2013年2月3日，高德荣率领州委独龙江帮扶工作队和乡党委、乡政府负责人，踏雪来到独龙江公路高黎贡山隧道二标段建设工地，看望慰问了春节前仍在坚守岗位的武警交通三支队官兵和工人师傅。

"我们驻扎了3年，老县长每年春节都带人来慰问。我们在其他地方也干过工程，但这样温暖的关怀在独龙江感受最强烈。"独龙江公路高黎贡山隧道二标段项目负责人武警交通三支队警官周勇说。

严格自律

这样令人"又敬又畏又爱"的高德荣，对自己和自家人更是讲原则。下乡时遇到困难群众他都会接济些粮油、衣被之类的生活用品，这已成为他的习惯，车里随时都备着这些东西，而这些都是他花自己的工资买来的。

这些年为了带领群众发展产业致富，高德荣率先种起草果、重楼，养起中蜂，自己掏钱买种苗，来帮忙的乡亲还付给工钱，等发展得有成效了，他又把种苗免费提供给群众，并不厌其烦地提供全程的技术指导。

高德荣总是在外面忙碌，儿子高黎明对父亲的印象总是觉得他很少在家，从小到大好像陪伴他们的大多数时候都是母亲，平时生活上花的也多是母亲的工资。

高黎明从学校毕业后回贡山考公务员，由于成绩不理想，连续考了3年，第3次才考上。也许有人会觉得，父亲身为州级领导，给儿子安排个工作那不是很简单吗？但懂事的儿子只是自己默默努力，而父亲也只是叮嘱他："好好用功，多看看书。"

2010年10月，高黎明带着未婚妻上昆明拍婚纱照，无意中发现父亲坐的车就停在他们去的影楼附近。他知道父亲肯定是去省里办事，也知道父亲的原则，所以没有跟父亲联系，拍完照小两口自己搭车返回了贡山。

高黎明和姐姐高迎春各自的婚事，几乎都是他们自己操办的。忙碌的父亲抽不出时间过问，也不准儿女以父母的名义请客，婚礼也只出席了一小会儿，就又忙他的去了。

女儿高迎春和丈夫都是普通公务员，结婚时贷款买的房子直到去年才还完了贷款。去年"十一"，姐弟两家人一起跟着父母进独龙江去，在一户村民家吃饭，去之前父亲就安排他们自己采买好各种食品。"饭是在老乡家里吃，但东西都是我们自己带的，那顿没吃完的也都留给了人家。"高迎春说。

高德荣的家在县城一幢有20多年历史的老楼里，40多平方米的屋子局促狭小，家具陈设也陈旧简陋，墙壁、天花板都已被冬天取暖的烟火熏得发黑。不过，墙上、柜子上的各种荣誉证书、参加会议的照片等，还是能让人感受到窄小老屋的主人曾经走过的不平凡岁月。

"本来担任州领导后按规定可以安排给他一套房子，但他没有要；不要房子可以补贴现金，他也没有要。"高黎明说，他没问过父亲原因，但不用问他也可以理解，因为这就是父亲的脾气。

（原载《云南日报》2013年4月12日）

"坐不住"的老县长

《云南日报》记者 晋立红 付雪晖 蔡侯友 谢 毅 张 雯 栗静敏

"只要工作需要，我将一如既往、不折不扣履行好一个党员的义务。"

眼下，离贡山独龙族怒族自治县独龙江乡开山已经没有几天时间了，千百年来，每到这个季节，高黎贡山的皑皑白雪，隔断了4 000多独龙族人与外界的连接。随着独龙江乡整乡推进和独龙族整族帮扶项目的实施，今年将是独龙江乡最后一年大雪封山。

由于独龙江乡一些村寨通信网络没有全覆盖，这两天，记者多次拨打高德荣的电话都无法接通。"这种情况下，老县长要么下乡，要么是去工地了。"了解高德荣的人都知道，他的"办公室"在田间地头、在施工现场、在独龙人家的火塘边。时下独龙江即将开山，他正与交通部门的职工一铲铲、一锄锄刨开雪堆，为的是让独龙江的开山期长一些，运输物资的车辆多走一些。

高德荣是土生土长的独龙族干部，当过贡山县县长，升任怒江州人大常委会副主任之时，他向组织申请把办公室设在独龙江乡，带领乡亲们修路架桥、发展产业。虽已卸任县长之职多年，但当地干部群众还是习惯称他为"老县长"。

2013年清明节期间，记者跟随高德荣走遍了独龙江乡的所有行政村。每到一个施工现场，他都要交代施工单位负责人："开山后，必要的迎来送往躲不开，会占用很多时间，所以我们要争分夺秒利用好封山期间每一天，在确保安全的前提下，抓好各项目工程质量、进度……"

他深知，作为一个偏远县份里最偏远的乡镇，独龙江和独龙族群众的发展仍然落后而迟缓。2010年云南省委、省政府启动独龙江乡整乡推进独龙族整族帮扶项目后，高德荣兼任州委独龙江帮扶领导小组副组长，为了独龙江的发展，他更是没日没夜地奋战在建设一线。

如今只保留了州委独龙江帮扶领导小组副组长职务的高德荣说："这个头衔我愿意继续担任，我服从组织的决定，因为独龙族群众还没有脱贫，只要工作需要，我将一如既往、不折不扣履行好一个党员的义务。"

【点评】高德荣，从20多岁时回乡任教至今，把一生的精力都奉献给了独龙江乡和独龙江的乡亲们。38年来，他心里永远记挂着贫困群众，脑中始终思考着如何让独龙江乡尽快发展，行动中一直坚持着尽自己所能带领群众脱贫致富。他田间地头问政于民、百姓所盼了然于胸；发生自然灾害时深入群众了解灾情、慰问灾民……他以实际行动践行着全心全意为人民服务的宗旨，赢得了群众的敬重和爱戴。

（原载《云南日报》2013年5月19日）

一个独龙族干部的"中国梦"

《云南日报》记者　徐体义　沈向兴　杨　猛

7月，又是一个浪高涛急时节。带着新的期待，我们再度走进独龙江，走近一心为民、一生务实、一身清廉的"老县长"高德荣。

高黎贡山高，太难攀上它的顶峰，去极目领略那方天地中的无限风光；独龙江水长，太难走到它的源头，去尽情汲取层层绿浪里的清纯滋养。

这正是信念如山、深情似水的独龙族干部高德荣带给我们的强烈感受。

高德荣在独龙江土生土长，担任过独龙江乡乡长、贡山独龙族怒族自治县县长、怒江傈僳族自治州人大常委会副主任，现在是怒江州独龙江乡整乡推进整族帮扶工作领导小组副组长，他主动要求长期蹲点独龙江，屈指算来一蹲就是8个春秋，连家都搬到这里。

记者很早就认识这位带有传奇色彩的独龙族全国人大代表、被当地干部群众亲切地称为老县长的高德荣，并一直在关注着他。面对面、心贴心走近高德荣，让人更加明白，他几十年的不懈追求和执着坚守，都是为了成就一个非凡梦想：让乡里4 000多独龙族群众摆脱贫困跨越前行。

又见高德荣，他刚从草果种植基地回来，旧衬衫上泛着斑斑点点的汗渍和泥污，在自家水龙头前随便抹了把脸。老县长虽然头发变得稀疏，脸上多了些皱纹，但他那和善的面容、豪爽的性情不变，那种求真务实、雷厉风行的作风不变，那种为梦想献身的热情依然如火如酒。

这次，我们又紧随他的脚步，对一个独龙族干部的"中国梦"再次近距离追寻。

梦　在高黎贡山的通乡公路上

"多一段路、多一座桥，就能尽快连通山外发展的'大动脉'。"

一大早，小雨淅淅沥沥。高德荣像往常一样，到各个帮扶工程项目点去查看。

我们跟随老县长，从乡政府出发溯江北上。独龙江境内公路蜿蜒曲折，许多路段像"天路"般"挂"在陡坡悬崖上，狭窄处仅容一辆小车通过。

越野车在泥泞的山路上颠簸，我们都紧抓着扶手。老县长不知在这条路上跑了多少趟，哪里有个沟沟坎坎都一清二楚。为缓解大家的紧张情绪，他特意拿出一盘反映当地风土人文的专题片放给我们看。没想到，这个优美的片子，竟然是老县长策划并亲手拍摄制作的。

突然一个急刹车，把所有人都警醒过来，一块不小的落石挡住去路。

"我下去搬！"大家还没反应过来，老县长已敏捷地跳下车冒

雨跑了出去。驾驶员告诉我们，"独龙天路"上的落石、滑坡甚至泥石流，只要出门都会遇到，每次都是老县长亲自带头去搬石头、挖泥土。因为路途艰险，老县长的车上总是备有两三个轮胎，常常需要两个驾驶员才能适应他长途奔波的快节奏。

偏远的独龙江乡，被连绵险峻的高黎贡山封得严严实实，每年长达半年的大雪封山几乎让这里与世隔绝，独龙族也一度成为我国民族大家庭中唯一一个不通公路的民族。为了打通这条大道，高德荣费尽了心，跑弯了腿。

路过一处施工路段，老县长下车与正在施工的工程人员攀谈起来，仔细了解进度质量。作为独龙江乡整乡推进整族帮扶的6大工程之一，通乡公路建设已经进入收尾阶段，长达6.68公里的高山隧道一经打通，高德荣和他的民族同胞将梦想成真。

"秋冬季节大雪封山，材料运不进来，开山后又是雨季很难施工，在独龙江修路太难了！"施工人员告诉记者，很多修好的路面常常被泥石流塌方损毁，最近又有3座桥被洪水冲毁。说起公路上的事，老县长也是既兴奋又显得很无奈。

来到独龙江最北端的熊当村民小组，小组长李文伟见到他就诉苦：村里一条过江溜索被大水冲断了。这条溜索一断，附近几个小组的村民就被困住了。高德荣立马赶到江边查看情况。"我马上打电话给电网公司，请他们支援一根新溜索。"听到老县长的话，李文伟放下心来。

"独龙江最大的问题在交通，仍然是路的问题。"一路上，高德荣反复念叨着这句话。"多一段路、多一座桥，就能尽快连通山外发展的'大动脉'，彻底改善交通条件，这是我和所有独龙族群众最大的心愿！"

梦 在独龙江畔的"绿色银行"里

"总吃低保不行，独龙族要靠双手建设自己的'绿色银行'。"

那里种了100多亩草果、那里种了十几亩重楼……谈起草果、重楼这些正在发展的特色产业，老县长总是兴致勃勃、滔滔不绝。

"江支书带头种植重楼，现在已经种了7亩多。"来到龙元村委会江建华家，看得出老县长对各家各户的情况都很熟悉。

"种苗从哪儿来？"面对记者的提问，江支书脱口而出："都是老县长领着我们上山找的野生种苗。""重楼喜欢阴凉潮湿，其他地方种要建大棚，独龙江植被好、气候潮湿，重楼只要种在树底下就行了，只要管护好，效益非常好。"老县长补充道。

跟随老县长的匆忙脚步，我们来到巴坡村。早在1988年，时任

独龙江乡长的高德荣就将草果引到这里试种，目前全村已推广种植2 785亩。"去年有360亩草果挂果，总收入18万元，收成好的人家卖了7 000多元，现在全村人均已有3.4亩。"村支书木卫清满脸喜色。

"高黎贡山高，没有党的恩情高；独龙江水深，没有党的恩情深。"说起这几年党和政府以及社会各界对独龙江的扶持，老县长如数家珍：退耕还林有补贴、边民有补贴、低保有收入，现在路也修起来了，房子也建起来了，电网也架通了，移动通信也开通了，内地有的独龙江几乎都有了，其他民族有的独龙族几乎也有了。

"如何解决以后的花钱问题？总是吃低保也不是办法，老躺在政府的扶持下过日子更不是办法。我希望独龙族群众用勤劳的双手建起'绿色银行'，以后用钱都到山上取。"

"这是我的又一个心愿，也是独龙族群众的心愿。"高德荣和我们算了一笔账：如果独龙江重楼种植发展到四五千亩，草果种植发展到5万多亩，加上养蜂、养猪、养牛、养羊收入，以及旅游业带动，独龙族群众的持续增收就不成问题了。为此，他还亲手搞了一个试验示范基地，手把手地教乡亲们种植管理。

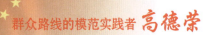

放眼望去，江岸边坡空地上，一丛丛草果树郁郁葱葱；走近一看，根部结满了红彤彤的果实，就像一粒粒硕大漂亮的红宝石。在老县长眼里，这就是帮助独龙人脱贫致富的宝贝。

梦　在民族同胞的幸福生活中

"官当得再大，如果自己的同胞还穷得衣服都穿不起，别人照样会笑话你。"

冒着风雨，踏着泥泞的山路，老县长带着我们把独龙江所有村委会走了一遍。每到一个村，老老少少都和他热情地打招呼。在农

户家的火塘边，村民端上煮洋芋和酥油茶招待，老县长也总是自己带点茶叶、香烟送给主人家，如同走亲访友一般。

从当年步行60多天才能转完6个村委会，到现在坐车一整天就能绕完，高德荣已在这条路上跑了几十年。2010年云南省独龙江乡整乡推进独龙族整族帮扶工程启动以来，他更是长年累月奔波在这条路上，每个村寨、每个项目的建设情况全都在他心里记挂着。他随身携带着一张布质独龙江乡地图，每个细节都了然于胸。

"独龙江建设项目施工难度大、周期长、成本高，需要进一步加大投入。""独龙族必须提高科学文化素质，不然脱贫返困情况迟早会发生。" 在独龙江发生沧桑巨变的今天，高德荣的目光却投向了更远的地方，谋虑更多的是这里的可持续发展问题。

他发动大家种植草果、重楼，支持有条件的农户从事旅游接待，为独龙族同胞今后的发展引路；他为独龙江的学校、医院、博物馆建设和事关民生的各种问题奔走呼吁，争取更多政策扶持；他不断地请来专家老师给农民群众培训授课，挨家挨户地去动员把孩子们送到学校读书成才……

这位年近六旬的独龙族干部，即使临近退休也没有丝毫懈怠、半点私心，想的干的都是独龙族群众的事。他深情地说："官当得再大，如果自己的同胞还穷得衣服都穿不起，别人照样会笑话你。我只想为独龙族群众发展进步多找点路子、多想点办法，让独龙族在小康路上永不掉队！"

山高，水远，路长，一个独龙族干部的圆梦之路不再遥远。

（原载《云南日报》2013年8月2日）

独龙江畔一面镜

·

《云南日报》记者 徐体义 沈向兴 柴红飚 王廷尧 李绍明 崔仁璘 杨 猛

皮肤黝黑，手指粗糙，一位土生土长的独龙族农民，不论是担任乡长、县长还是州人大常委会副主任，一辈子本色不改。

风风火火，苦干实干，几十年倾心尽力干着一件天大的事，那就是让4 000多名独龙族同胞尽快摆脱贫困奔向小康。

执着坚守，不计得失，从独龙江来，回独龙江去，老县长的公仆形象，牢牢定格在独龙族同胞和怒江人民的心中。

他就是高德荣，一个红色的"路标"，又一面闪亮的"镜子"。

"一心一意为乡亲们服务的老县长高德荣践行了为民务实清廉的要求，保持了共产党人的政治本色。"云南省委书记秦光荣如是评价。

一心为民的老县长

高德荣：生活在群众中让人过得更充实，漂浮在官场上只会使人越来越浮躁。

高德荣对自己的人生作出过两次大的抉择，每次都出人意料。

走近高德荣才明白，他的每一次选择，皆因他与独龙江和独龙族水乳交融，须臾不能分离。

59岁的高德荣，出生在独龙江畔。1975年，他毕业于怒江州师范学校，并被留校工作。对于一个有理想有追求的独龙族青年来说，他是幸运的。

独龙江乡实在太偏僻，深藏于怒江傈僳族自治州贡山独龙族怒族自治县一角，是高黎贡山和怒江怀抱中的一个"世外桃源"，西与缅甸毗邻，北接西藏高原，以穿境而过的独龙江得名。江畔生活着一个仅有4 000多人口的民族，直到1952年，在周恩来总理的亲切关怀下，这个从原始社会直接过渡到社会主义社会的民族，才被正式定名为"独龙族"。

独龙江流域山高水深，沟壑纵横，地理环境十分封闭。每年从12月至翌年6月，大雪封山长达半年之久，其间独龙江乡完全与世隔绝，再加上绵长的雨季，可谓近不可出、远不可及。

走出独龙江，其实并不是高德荣的唯一梦想。就在25岁时，他作出了一个全新的选择，毅然请求返回独龙江乡，成为巴坡完小的一名教师。从提高乡亲们的科学文化素质着手，带领独龙族群众走出贫困，乃是高德荣最大的心愿。

为此，他在一点一滴地努力着，一步一步地奋斗着，从一名普通教师，成长为独龙江乡乡长，贡山县人大常委会主任、县长。而一心一意为独龙族同胞谋求发展进步的高德荣，深获干部群众的信赖和拥戴，"老县长"的爱称遍及州内外。

2006年，高德荣当选为怒江州人大常委会副主任。可就在这时，他却郑重地向组织提出不愿蹲在大机关里，希望回独龙江去抓扶贫开发。"让我把办公室搬到独龙江吧！"他情真意切地请求。

从此，高德荣又在独龙江扎下了根。他的头衔是怒江州委独龙江扶贫开发领导小组副组长，他的办公室就在江边简陋的家中，退休的老伴也跟着他来到这里。

"高德荣的选择并不难理解。"贡山县政协原主席赵学煌说，老高幼年家庭贫困，是党和政府以及独龙江的乡亲们培育他长大成才，他与同胞乡亲那种血肉相连的感情，比独龙江水还深。

2010年初，云南省委、省政府实施"独龙江乡整乡推进独龙族整族帮扶3年行动计划"，一场围绕实施安居温饱、基础设施、产业发展、社会事业、素质提高、生态环境保护与建设"六大工程"，社会各界广泛参与，省级32个部门合力协作，上海市对口帮扶的攻坚战，在独龙江畔紧锣密鼓地打响。

用3~5年时间，投入10亿元资金，人均投入25万元，推动独龙江乡和独龙族跨越式可持续发展。这样的力度，在国内外扶贫史上罕见。

面对机遇和重任，高德荣豪情满怀同时心急如焚："独龙族再不加快脚步同其他民族一道过上小康生活，那就是给祖国母亲抹黑！"

"老县长是我们的工程监理员。"项目施工方说，高德荣随时来工地巡查，从质量到进度都盯得非常紧。

"老县长是我们的义务林管员。"乡林业站的同志说，高德荣经常向林业站报案，他容不得开发建设对生态环境的任何破坏。

"老县长是我们的隔壁老大爹。"独龙族群众说，高德荣总是把同胞的事当成自己的事，时时处处为群众着想，就怕大家走得太慢。

参加工作38年来，不论在哪个岗位上，高德荣花时间最多的事情就是与老百姓在一起，最迫切的愿望就是让独龙江、怒江的老百姓生活尽快好起来。

　　还在当乡长的时候，高德荣就大着胆子带上乡里的两位干部直奔昆明，向省有关部门反映独龙江的实际困难。争取到上百万元项目资金后，他立即领着大家扩建了乡卫生院、中心校，建起一个小型电站、4座人马吊桥。

　　2005年2月，持续暴雪导致贡山全县电力、交通、通信全部中断，大量民房和农作物、牲畜受灾。危急时刻，县长高德荣亲自担任任务最为艰巨的道路抢修组组长，夜以继日奔波在灾区。10多天里，他跑遍了怒江沿岸的20多个村委会，挨家挨户了解灾情、慰问受灾群众，带领干部群众抢险救灾。当他带队顶风冒雪来到等待救援的村民身边，很多人哭了出来："高县长来了，大家心安了！"

　　每年快到封山和开山季节的时候，高德荣都要驻守雪山，少则一星期，多则两个月，与交通部门的工人一道，一铲一铲刨开雪堆，为的是让独龙江的开山期长一些，让运输物资的车辆多进来几趟。有一次高德荣被突如其来的雪崩掩埋，幸亏被在场的工人发现，及时把他救了出来。

　　有一年，大雪封山在即，新招聘的16名教师和医务人员需要立马赶赴独龙江乡工作，高德荣县长决定亲自护送他们进独龙江乡。整整一天，车队只行进了48公里，只好在野外露营。第二天一早，患重感冒的高德荣坚持在风雪中刨雪探路，等他回来时，头发、眉毛都结了冰。"医生和教师是独龙江乡的宝贝，这里的群众太需要他们了。"高德荣完全没有顾念自己。

　　提起"老大爹"高德荣，双拉娃村黑娃底三组傈僳族村民肯啊勇、王丽萍夫妇充满感激。作为高德荣帮扶多年的困难户，夫妻俩如今有了住房和稳定的收入，两个孩子也都读上了书，去年还买了摩托车。在独龙江，得到老县长直接扶持的困难户还有很多。

"活着的时候不为人民服务，群众不要你；死了以后，马克思也不要你。这样的党员干部没有归宿没有根，是很可怜的。"高德荣说得意味深长。

记者感言：一切为了民族同胞的脱贫致富奔小康，这是"老县长"坚定如山的信念和追求，为此他梦牵魂绕、矢志不渝奋斗了几十年。从独龙江来，回独龙江去，坚持不懈地攀缘，栉风沐雨地跋涉，最终把独龙江的欢腾、独龙族的笑脸托现在世人面前。这就是共产党人的责任和担当。此等功德和荣耀，永远镌刻在雄奇的高黎贡山之上。

一生务实的"老县长"

高德荣：官当得再大，如果自己的同胞还穷得衣服都穿不起，别人照样会笑话你。我只想为独龙族群众发展进步多找点路子、多想点办法。

独龙江在变，日新月异。

1999年9月，投资1亿多元、全长96公里的简易独龙江公路正式通车，结束了中国最后一个民族不通公路的历史。以前跑完全乡需要两个月时间，现在开车两天就可以来回。

2004年10月，贡山县长高德荣在独龙江用卫星电话与民政部一位副部长通电话，标志着独龙江乡"火炮传消息、通信隔山吼"的历史终结，结束了中国最后一个民族不通电话的历史。

2006年10月，装机640千瓦的电站在独龙江建成发电，结束了中国最后一个民族不通电的历史。

2012年9月，高德荣在独龙江通过宽带网络与省长李纪恒进行视频通话，标志着中国最后一个不通互联网的民族实现了现代信息通信的跨越。

怒江州委独龙江乡帮扶工作队队长吴国庆介绍，截至目前，独龙江帮扶"六大工程"总计到位资金89 355万元，累计完成投资73 126万元，大部分建设项目已近收官。

日夜为独龙江操劳的高德荣，头发变得有些稀疏，脸上多了不少皱纹，然而在他身上，求真务实的作风一点没有变。

"总吃低保不是办法，老躺在政府的扶持下过日子更是不行。"面对独龙江可喜的变化，高德荣头脑清醒，他在用本民族的声音激发同胞的奋发自强。

"独龙族必须提高科学文化素质，必须有产业，不然迟早会返贫。"高德荣选择了发展特色产业和实用技术培训两个主攻方向，而且率先示范，言传身教。

"老县长养蜂比我养得好，他干什么都喜欢琢磨。"就连巴坡村委会的养蜂能手都说，高德荣的蜂箱制作、摆放位置都比大家高明，他的蜂箱里蜂群最多。

"独龙江的草果种植业，就是老县长带头搞起来的。"独龙江乡党委书记和国雄介绍，早在高德荣担任乡长的时候，他就将草果引到巴坡村试种，收成好的人家一年就卖了7 000多元，目前全乡已种植草果3万多亩。该乡第一个企业——草果烘干厂也应运而生。

"草果产业已经见效，重楼更是增收的重头戏。"高德荣专门请来云南白药的专家考察，做出了重楼种植规划。他说，按照目前市场价格，每亩最低也能有近万元的收入，如果全乡实现户均种植1亩，群众的增收就更可观了，等于有了一个巨大的"绿色银行"。

高德荣厌恶空谈、懒惰、不思进取的人，最喜欢务实能干、有想法的人。凡是有利于独龙族脱贫致富和独龙江发展的事，他都热情给力："干，放开手脚大胆干，我全力支持！"实打实的高德荣，不断点燃干部群众创业的希望和激情。

就在我们跟踪采访"老县长"那几天，高德荣从南到北把独龙江的每个村寨转了一遍。不停地奔波，过度的劳累，他患上了重感冒。

"人老了，'老朋友'就频繁找上门来了。"高德荣就着酒把药咽下去，一边嘟囔着，一边拿出随身携带的布质独龙江地图细细查看。"这两天雨没停过，工程建设进度又跟不上了，有的路段又要塌方被堵，明天8点准时出发去查看。"

3年来，独龙江帮扶项目建设在大雪封山、灾害频发、运输困难等考验下不断推进。"独龙江大雪封山，但观念不能封、学习不能封、工作生产不能封。"高德荣一直在践行着自己总结的"独龙江精神"。

　　他发动大家发展特色产业，为独龙族同胞今后的发展引路；他为独龙江的学校、医院、博物馆建设和事关民生的各种问题奔走呼吁，争取更多政策扶持；他不断请来专家老师给农民群众培训授课，挨家挨户去动员把孩子送到学校读书成才……而今，年近六旬的"老县长"仍然没有丝毫的懈怠。

　　"一大堆计划不如为群众办一件实事。当干部、当领导的如果不务实，指挥棒就会变成'搅屎棍'。"高德荣说得生动实在。

　　记者感言：为人民服务是实打实的，老百姓爱听的是实话，认同的是实干。率直的"老县长"容不得半点虚浮和做派，他把整个身心都融入基层群众之中，时时处处与百姓同忧同乐、甘苦与共。深扎在山乡泥土里的树根不会枯竭，源自心灵深处的真情犹如江水奔流不息。正因为如此，高德荣一辈子坦然充实、无怨无悔。

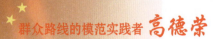

一身清廉的"老县长"

高德荣：从严要求自己，严格管好自己的家人，才能做到一身正气、两袖清风，真心实意为人民群众办事情。

不论是在独龙江、贡山县还是怒江州，人们之所以格外敬重"老县长"，就是因为高德荣除了秉持着少数民族同胞那种爽直坦诚的性情，还坚守着共产党干部的清正廉洁。

一件寻常衣服一穿十几年，一块普通手表一戴几十年，深入基层只要有个火塘就能安然而卧，不管置身何处，高德荣始终保持着最简朴的生活作风。

在独龙江，高德荣没有专门的领导办公室。在家，他坐不住待不长，高黎贡山的新建公路上、独龙江畔火热的施工现场、正在培育的草果重楼基地、亲如一家的农家火塘边，都是他的"办公室"。

高德荣在县城的家，安置在一幢已经建了20多年的旧楼里，40多平方米的屋子，让人难以相信这是一位县长、一位副厅级干部的家。高德荣长驻独龙江，儿子高黎明和他的妻子住在这里。厨房太小，灶台只有搭到过道上；屋里家具陈旧简陋，墙壁、天花板早已被取暖的烟火熏黑。屋里最显眼的摆设，就是各种荣誉证书、留念照片，无声地见证着主人走过的不平凡岁月。

"担任州级领导后，按规定可以安排给他一套房子，但他不要；不要房子可以补贴现金，他也不要。"高黎明说，这就是父亲的原则。

高德荣总是在外面忙碌，不是在乡下调研工作，就是上州府、省城开会办事。儿子从小到大，印象中只有母亲一个人在照顾他们，平时生活开销花费的也是母亲的工资。

　　"老县长心肠好，下乡时总是买些米、油、衣服、被子甚至锅碗瓢盆带着，遇到生活有困难的老乡就接济一两样。这是他多年的习惯。"驾驶员肖建生讲得很动情，"他总是说，在贡山和独龙江，生活贫困的群众还多，我们能帮多少就帮多少。"

　　这些年，为了带领独龙江群众发展产业致富，高德荣率先试种草果重楼，养起中蜂。种养成功了，他再把种苗提供给群众，并不厌其烦地提供全程的技术指导，还经常把群众召集到他的实验基地，管吃管住地搞培训，所有的花费，都是高德荣独自承担。

　　对自己的儿女，高德荣却没有帮过他们什么。高黎明从学校毕业后回贡山考公务员，连续两年都名落孙山，第三次才如愿以偿。有人不解地说，你父亲身为州级领导，给儿子安排个工作很简单嘛。然而，儿子从父亲那儿得到的只有一句话：好好用功，多学多干。

那年，高黎明带着未婚妻上昆明拍婚纱照，无意中发现父亲坐的车就停在昆明。"他是到省城办事的，我知道父亲的原则，拍完照我们坐公共汽车回贡山，根本不敢沾他的光。"

高黎明和姐姐高迎春办婚事时，也没有沾父亲的一点光。忙碌的父亲抽不出时间过问不说，还不准儿女以父母的名义请客。他甚至连自己的老同事都没有告知，事后有同事追问，他只是轻描淡写地说："儿女的事就让他们自己去办吧。"高迎春和丈夫都是普通公务员，结婚时买房的贷款直到去年才还清。

去年国庆长假，姐弟俩约家人一起跟着父母进独龙江。出发前高德荣便交代："我们要在一户村民家吃饭，你们自己买些食品带去，不能给老乡添负担。"高迎春说，他们早就习惯这样做了，这是父亲定的老规矩。

高德荣也有"奢侈"之处，比如车上随时要备两三条车胎，经常要配备两个驾驶员。肖师傅感叹地说："他的工作节奏实在太快，不停地跑村寨、跑工地，路途太艰险，一个驾驶员和一条备胎简直跟不上趟……"

一位"老县长"的好口碑，就这样流传在干部群众中间；一个共产党员的好形象，就这样挺立在百姓心头。

记者感言：没有一点官气，不图任何享受，只知付出奉献，坚守之中底气十足，浮华面前堂堂正正。"老县长"的威信靠的不是官衔，一腔爱民情怀感人肺腑，一股人格力量撼人心魄。用清澈的独龙江水刷洗过的"镜子"，真真切切地映射出"老县长"的高风亮节。对照这面锃亮的"镜子"，我们深深为之叹服，也足以自省自励……

（原载《云南日报》2013年10月16日）

又见"老县长"

《云南日报》记者 付雪晖 通讯员 王靖生

高德荣回到独龙江,还是老样子——那副农家大爹忙忙碌碌的模样。近日,本报记者再进独龙江,又一次见到高德荣。

"我带回了习总书记的嘱托。"回到家乡的高德荣步子更急了,声音也更加洪亮。他告诉乡亲们:"我很激动,有很多感受想说,但我想我说一大堆感受还不如用实实在在的行动来落实总书记的嘱托。"半个月时间内,他已经把全乡6个村委会和独龙江帮扶工程每一个项目点跑了两遍。

2013年9月26日,获全国道德模范提名奖的高德荣赴京参加第四届全国道德模范座谈会,受到习近平总书记的亲切会见。回到云南,省委书记秦光荣在昆明会见云南代表时高度概括了高德荣践行群众路线的模范事迹:一心一意为乡亲们服务的"老县长"高德荣践行了为民务实清廉的要求,保持了共产党人的政治本色。高德荣说,自己只是履行了一名共产党员的职责,获得这样的殊荣,实在是没有想到。

"党中央、国务院和省委、省政府那么关心我们、支持我们、鼓励我们,独龙江面临跨越发展的良好机遇,我们不能在建成小康社会上拖后腿。"高德荣的话语中充满紧迫感。最近几天,高德荣两次来到马库村委会钦兰当村民小组项目施工点检查督促,他说:

"独龙江乡整乡推进独龙族整族帮扶工程，已到攻坚阶段，独龙江公路很快就要进入积雪季节，再不加把劲不行啊！"为此，高德荣寝食难安。履行好指挥、督促独龙江乡整乡推进、独龙族整族帮扶工程的职责，确保在年内全面完成安居房建设，把独龙江乡草果、重楼等支柱产业做大做强是高德荣时刻挂在心头的大事。

"珍惜荣誉，就得不断加强学习、不断为自己充电，提高服务群众的能力和思想认识。"在去北京的路上，高德荣和驾驶员在路边一家小餐馆吃饭，看到墙上挂着一幅字叫《做事歌》："今天的事，马上去做；明天的事，准备去做；困难的事，勇敢去做……"他认真诵读，让司机用手机拍下来，一回到独龙江就装裱挂在了墙上。

2010年，云南省委、省政府计划总投资10亿元左右，实施独龙江乡整乡推进独龙族整族帮扶工程，全力推进安居温饱工程、基础设施工程、产业发展工程等"六大工程"，力争用3～5年时间，使独龙江乡和独龙族经济社会实现跨越发展、可持续发展。由于独龙江雨水多、雨季长，塌方、泥石流等自然灾害频发，影响了工程进度，加上公路建设滞后，建设材料运输不畅，原本去年底就该完工的安居工程现在还有一些尾巴，为此高德荣心急如焚。高德荣说，明年就满60岁，到退休年龄了，到时候工程建设还留着尾巴，既对不起党和人民的信任，也对不起自己。

当记者问及对退休生活的打算时，高德荣说："我要留在独龙江，即使退休了，我的工作不会停、学习不会停。我还要与独龙族同胞一起建设家乡，永远听党的话，永远跟着共产党走，把独龙江建设得更加美丽、富裕、和谐。"

（原载《云南日报》2013年10月17日）

高德荣：独龙族要靠双手
发展致富产业

《云南日报》记者 杨 猛 崔仁璘 付雪晖 禹江宁 通讯员 王靖生

"总吃低保是不行的，独龙族要靠双手发展致富产业，建设自己的'绿色银行'。"——高德荣

红艳艳的草果，仿佛一颗颗发光的红宝石。如今，草果已成为独龙江乡重要的致富产业，全乡种植面积已达3万多亩，去年收入达53万元，乡里的第一个企业——草果烘焙厂也已建成投产。

谁能想到，20世纪90年代，独龙族群众还在靠救济粮，靠狩猎、打鱼、挖野菜果腹；甚至3年前，绝大部分独龙族群众住的都还是茅草房、木头房，农民人均纯收入不足900元。

高德荣带领群众摸索多年，找出了适合独龙江发展的草果、重楼、漆树、蔬菜种植，中蜂、独龙牛养殖等致富产业，他积极开展示范培训，广泛动员独龙族群众靠产业致富。

现在，独龙江乡种植的草果挂果面积逐年增加，效益不断提高；重楼产业也与云南白药集团达成合作意向，正在加快发展步伐；中蜂、独龙牛、独龙鸡等特色生态养殖的规模也在不断扩大。

经过多年摸索发展和整乡推进、整族帮扶工程3年集中帮扶，2012年独龙江乡实现经济总收入848万元，农民人均纯收入1 610元，两项指标都比3年前大幅增长。

（原载《云南日报》2013年10月20日）

一个人大代表的履职故事

《云南日报》记者　张瑞芳

高德荣担任过全国、省、州、县、乡五级人大代表，他不停地穿梭在独龙江的崇山峻岭，足迹遍布独龙族乡亲的田间地头，用心、用情、用行动诠释责任，履行使命。

独龙江是个令人向往的地方。每次提起独龙江，就会想起幽默、风趣、率性的人大代表高德荣，他是独龙江的一张名片。

从1981年当选独龙江乡人大代表起，30多年间，高德荣陆续担任了县、州、省、全国人大代表。他每年都要在各级人代会上提出促进独龙江、贡山、怒江发展的议案和建议，为独龙江乡、为贡山县乃至怒江傈僳族自治州的经济社会发展争取项目、资金和智力支持。

百姓的代言人

有人问高德荣代表：最想得到的生日礼物是什么？他沉思片刻说：最想要一台装载机，家乡的路经常塌方，能派上大用场。

"我的家乡独龙江是怒江傈僳族自治州贡山独龙族怒族自治县生态保护最好的地区，森林覆盖率高达98%，而老百姓仍处于贫困的生活状态。为什么生态越好的地方越贫穷？"面对保护与发展的尴尬，高

代表呼吁，"保护不能绝对化，开发不能随意性，只讲保护不讲发展不行，只讲发展滥开发更不行。"时隔多年，高德荣在2005年第十届全国人大三次会议上的发言仍让人记忆犹新。

搜索记忆中高代表的发言，最让人难忘的还是围绕独龙族同胞脱贫致富的话题，急需解决的交通问题。

高德荣代表的反复呼吁，给独龙江带来了什么样的变化？谈及此处，高德荣喜上眉梢、如数家珍。

"过去我当乡长时要走完6个村，翻山越岭需要64天的时间，现在通油路了开车一天就可跑完。再过几个月山上的隧道打通了，独龙江大雪封山的日子就结束了，到那时独龙江变化会更大。"

驱车从贡山到独龙江的90多公里山路确实给人留下深刻印象：身在此山，头顶蓝天沐浴着明媚的阳光，却望见对面山顶的积雪皑皑。车在山间盘旋，好像挂在悬崖峭壁上。其中有20多公里石头路要走一个多小时，车子反复进入坑洼不平的赛道跳着时尚的"街舞"。

高德荣介绍，经过各方的不懈努力，现在进独龙江的交通条件算是很不错了。就是这条路，改变了独龙族"半隐居"的生活；就是这条路，揭开了独龙江神秘的面纱。

改善独龙江的交通，是高德荣魂牵梦绕的事。十届全国人代会期间，云南代表团有个惯例：凡是生日在3月的不论代表还是工作人员，都要举行个集体生日会。高德荣的生日正好在3月。十届人大五次会议时，代表团也利用空隙时间举办集体生日会，其间有人问高代表最想得到的生日礼物是什么，高德荣沉思片刻说：最想要一台装载机，家乡的路经常塌方，能派上大用场。生日礼物都想着家乡，高德荣这个特别的心愿很快在代表中传开。过了不久，省交通厅送给独龙江一台装载机，高德荣的生日礼物在家乡真的派上了大用场。后来，高德荣发现一台装载机根本不够用，又陆续争取到3

台。"现在4台机子都在90多公里的山路上服役保畅通呢。"高代表高兴地说。

独龙江乡的发展急需电力资源，独龙江的孩子们要上学，急需建学校，独龙族同胞们缺医少药急需建设乡村卫生院……独龙江群众的期盼通过高德荣这位人大代表，不断地转化为一份份沉甸甸的加快当地发展和民生改善的建议。

据不完全统计，高德荣在各级人代会上积极反映问题、建言献策，先后提出200多条建议、意见，得到各级党委、政府的高度重视和采纳。特别是在全国人代会和省人代会上，他提出的关于独龙江公路、滇藏新通道、德贡公路等事关怒江发展的重大交通基础设施建设的议案，得到国家和省有关部门的认可支持，已陆续付诸实施。

一件件关注加快边疆民族地区发展建议的背后，是高德荣跋山涉水、走村入户、深入群众，倾听群众呼声的扎实调研，是高德荣对群众的深厚感情的形象彰显。

"当人大代表，就要带着深厚的感情，与选民和群众心贴心，自觉当好人民的服务员；当人大代表，就要带着高度的责任，敢于直言进谏，维护党的政策权威，维护政府形象，维护人民群众的利益。" 高德荣说。

大胆的实践者

担任独龙江乡乡长期间，高德荣大着胆子带上乡里的两位干部直奔昆明，反映独龙江的贫困，打动了有关部门领导，一次性给独龙江乡安排了350万元的项目资金。

　　在日常工作和生活中，高德荣从不计较个人得失，但他十分在乎个人对工作的态度和责任。

　　"我只想为独龙族群众发展进步多找点路子、多想点办法，让独龙族在小康路上不掉队。" 高德荣质朴地表达心声。

　　有人说，高德荣胆子大，一向敢于直言、敢闯敢干。可熟悉他的干部群众知道，他的"大胆"来自于群众，来自于对边疆民族发展进步的渴望。因为他深深地了解群众的困难和期盼，心里装着老百姓，所以无私无畏。

　　1988年，担任独龙江乡乡长期间，高德荣就干过一件很多人都觉得不可能的事情。他大着胆子带上乡里的两位干部直奔昆明，向省有关部门反映独龙江的贫困。结果他们的真诚和独龙江的实际困难，打动了有关部门领导，一次性给独龙江乡安排了350万元的项目资金。有了这笔资金，他领着大家扩建了独龙江乡卫生院、中心校，新建了1个小型电站、4座人马吊桥，初步改善了独龙江乡的基础设施条件。

有人夸高德荣能干，他却说："这不是我能干，这是共产党对独龙族人民的厚爱。"

2010年，云南省委、省政府启动独龙江整乡推进独龙族整族帮扶项目后，高德荣兼任州委独龙江帮扶工作领导小组副组长。面对发展机遇，他对乡村干部和独龙族群众语重心长地说："上级照顾我们，其他兄弟民族支援我们，是因为我们落后，戴着落后的帽子一点都不光彩，太难看了。不要总想伸手要，要多想想如何放手干。"

高德荣是一位坐不住办公室的人，田间地头、施工现场、百姓的火塘边都是他的"办公室"。他常常说："一大堆计划不如为群众办一件实事。"他深知，要改变独龙族同胞的生活面貌，更重要的是从根本上改变独龙族群众的思想观念，彻底改善独龙江的基础设施、发展可持续的富民产业，一个民族的长远发展和进步，最终还是要靠广大群众自我发展能力的不断提升。

"现在独龙江乡户均一亩草果地，草果产业初显效益，过两年要实现户均3亩草果，按每亩2万元算的话，收入会更可观。"问及独龙江乡整乡推进独龙族整族帮扶项目村面临的机遇和挑战，率性的高德荣理着思路算着账。

如今，年近六旬的高德荣仍然在独龙江帮扶工作第一线忙碌。他一如既往地在平淡中演绎精彩，平凡中铸就传奇，用实际行动诠释高远、开放、包容和坚定、担当、务实的云南精神。

（原载《云南日报》2013年11月4日）

闲不住的"老县长"

——同事眼中的高德荣

《云南日报》记者　付雪晖　邓清文

不论是过去的老同事，还是现在的新同事，都说高德荣是个"工作狂"。38年来，他心里永远记挂着贫困群众，脑中始终思考着如何让独龙江乡尽快发展，行动上一直坚持着带领群众脱贫致富。

为工作眼里不容一粒沙

"无论在什么岗位，担任什么职务，工作和生活条件发生怎样的变化，都要坚守不忘恩、不忘本、不妄为。因为忘恩，就是负义；忘本，就会变质；妄为，就要出事。"这是高德荣多年来一直挂在嘴边的话。

高德荣对工作的认真负责是出了名的，眼里容不得一粒沙子。"曾经有一次，我们在走访村民时工作做得不够细致，后来被'老县长'下乡时了解到，虽然是过去很久的事了，仍然被他骂了。不过骂归骂，我们都知道他从来都是对事不对人，目的就是要求大家把工作干好。"孔当村武装干事吴永权告诉记者。

"龙元村的安居工程，'老县长'经常来。每一个点，每一

107

高德荣箴言

独龙江大雪封山，但观念不能封、学习不能封、工作生产不能封。

个细节他都会亲自检查，只要稍微不对，立马就要求工程队整改或者重做。在村民搬进新房前，'老县长'还要对新房的用电、用水、用火以及卫生等方面逐一交代，希望村民们能尽快适应新环境，保护好新居。"谈起高德荣对安居工程的关心，龙元村武装干事龙建华滔滔不绝。

高德荣经常对村干部说："一个民族、一个地区不通公路是不行的。一个民族、一个地区要发展，交通建设必须摆在第一位。这是有利于老百姓的大工程，我们一定要把它搞好，不然我们就对不起党和国家对我们的支持。"村村通公路是高德荣带领独龙族群众致富的第一个愿望，现在这个愿望已经实现。

为产业甘当义务宣讲员

草果产业现在已成为独龙江乡的支柱产业，仅2012年就新增种植面积3 000亩，全乡草果种植面积累计达3万多亩。作为草果产业的带头人，高德荣在草果种植初期付出了不少汗水。

马库村村支书杨恩对草果种植初期的艰难记忆犹新，他说："当时独龙江村组不通路，无论发展什么都很困难。相比起见效益慢且前景不明的草果，老百姓更愿意选择养羊。为了提高老百姓的积极性，'老县长'不仅对村民进行草果苗补偿，还带领我们村干部挨家挨户地去做宣传动员。"

　　巴坡村主任王世荣回忆说："'老县长'第一次给我们村发草果苗时，都是亲自把草果苗发到每一户村民手中，并详细地讲解种植方法。怕讲得不清楚，他还专门在自己的种植基地举办培训班，手把手地教大家种草果。"巴坡村从2007年开始种植草果，2012年农民人均纯收入达1 610元，而在种草果前，该村农民人均纯收入只有300元到400元。

　　除了草果，重楼产业也是高德荣目前大力推进的产业。高德荣先在自己的基地试种不同品种的重楼，实验成功后，再把适合种植的品种交给村民们种植。如今，全乡的重楼种植已基本达到户均一亩，预计明后年就能见效益。

为众乡亲奔波不辞辛劳

"我们当干部、当领导的能不能走群众路线，首先看他对群众有没有割不断的实实在在的感情。"多少年前，高德荣这样一句不经意间说的话，却在贡山独龙族怒族自治县政协主席刘正华的心里留下了深刻印迹。他说，高德荣数十年如一日扎根基层，群众的喜乐困苦、所急所盼，他都了然于胸，对群众比对亲人还亲。

高德荣下乡都是住在老百姓家里，每天晚上都要在火塘边与老百姓聊天，了解他们的想法和需求，并帮老百姓解决困难。有时高德荣为了解某一户老百姓的情况，甚至不惜走几个小时的山路。"独龙江的每个村、每个村民小组的情况，'老县长'甚至比我们还熟。""去到老百姓家，他从不摆架子，与大家亲得很。"独龙江乡不少村干部都有这样的感叹。

杨恩也给记者讲述了关于高德荣的几个小故事："'老县长'会不定期地到村里给村民们做技术培训，少则三四天，多则一星期。有时下雨，车过不来，他就走几小时的山路进来。每次下来，'老县长'都要给我们带点烟酒或者水果，他说我们基层干部很辛苦，关心我们是应该的。还有一次，临走时老百姓坚持要送他两只鸡，他拧不过，最后只能偷偷给老百姓留下200元钱。村民中老的少的跟'老县长'都非常熟，像亲人一样。"

（原载《云南日报》2013年11月27日）

独龙人民的骄傲

—— 同胞眼中的高德荣

《云南日报》记者 邓清文 付雪晖

一生为群众办实事

从茶马古道到村村通公路、从通信基本靠吼到电话通信无处不在、从常年与外界"零接触"到通过网络与外界交流，高德荣把民族的期盼、上级的关怀、外界的关爱，一点一滴转化成独龙江的发展进步。

想想5年前的独龙江，再看看现在，巴坡村支书王战荣觉得如做梦一般。"以前我们根本不理解老县长为什么当了大官还要回来，现在看到独龙江翻天覆地的变化和大家生活的日渐改善，终于明白了他常说的那句话：'如果独龙族人民在家乡受穷，我们在外面也会被人看不起'。"王战荣感慨。

十年如一日，高德荣跑遍了独龙江乡6个行政村的所有村小组，凭着一颗真心用脚丈量独龙江的每寸土地，了解每位同胞的期望。就是这种坚持，他和每户村民成了朋友，再变成了亲人。

已近60岁的迪政当村民李向荣已经不记得高德荣到过他家多少次，不过高德荣一心为同胞的感情他却感受得真真切切。"从老县长的一言一行，我们能真正感受到他一心为独龙族做事，希望独龙族每一个村民都过上好日子的那股劲头。"

一心致力产业发展

说起"老县长"带头推广草果种植，马库村村民丁志华有一肚子话要说。那时，村民们不理解草果也可以当作产业来经营，当"老县长"做推广的时候，没有一个人愿意。后来"老县长"就挨家挨户地讲解宣传，慢慢地，村民们终于有了尝试的想法。"现在我们村的草果已经开始有收益了，按目前市价来算，到明年一户人家的收入得有5 000元左右，这全靠'老县长'当初的坚持。"

"他经常教育我们，要自食其力，靠自己的双手建设好家乡，不能什么都等着靠着国家资助。种草果、种重楼就是靠自己致富的一条道路，要把它做好、做大、做强。"迪政当村民陈永华说，独龙江过去没有产业，村民都是自给自足，对产业更是没有任何概念，是"老县长"的引导让大家有了发展产业的意识。

"下一步，独龙江的草果和重楼要向产业化、规模化发展，实现连片种植，种出规模、种出效益来，给独龙族人民闯出一条致富的路子。"高德荣对独龙江乡的产业发展充满信心。

一贯乐当"爱心大使"

在独龙族同胞心目中，高德荣除了是独龙江前进的推动者，爱管"闲事"的他更是一位"爱心大使"。

2005年6月，巴坡村村民江秀林生孩子时难产，需要进行剖腹产手术。高德荣知道后，立即叫司机把江秀林接到乡卫生院，此时已是深夜。为了保证手术成功，他又与县妇幼保健站联系，及时抽调5名骨干医师赶到独龙江，由于泥石流把公路冲断，高德荣连夜赶往42公里处去接人，等回到乡里已是凌晨5时。早上8时，手术结束，看到母子平安，高德荣这才拖着疲惫的身体放心离开。

去年底，巴坡村村民双文荣在修缮自家房屋时不小心摔断了腿，5口人的家庭顿时失去了经济支柱，生活陷入困顿。"老县长"在走访中了解到情况后，当晚就带着东西去看望他，并留下了一笔钱，帮他家渡过难关，今年又两次到他家里看望他。"我听说'老县长'一年中难得回家陪家人一回，但是他却来看了我3次，他对我们真是比对自己的亲人还要亲。"双文荣说。

2001年迪政当村民李向红从山坡上摔了下来，是高德荣把他送到医院并垫付了医药费；2012年，听说马库村有位孤寡老人生活困难没人照顾，"老县长"专门把她接进了乡敬老院……诸如此类的事常被同胞们津津乐道，而高德荣却说早已不记得了。

据村民们说，受到高德荣经济资助的村民，每个村都有好几个，多的甚至有十几个。

独龙族第一批入党的妇女、第一位民兵女队长、今年80岁的江国吉这样评价这位同胞："高德荣每年都来敬老院看我们。独龙江的今天，与他分不开。高德荣是个好官，是独龙族的骄傲。"

（原载《云南日报》2013年12月2日）

独龙江畔的"老兵"

——边防官兵眼中的高德荣

《云南日报》记者 邓清文 付雪晖

"'老县长'是独龙江畔的老兵，他是我们心中的一面旗帜。"对于高德荣，独龙江边防派出所教导员张维这样评价。在独龙江边防派出所官兵的眼里，高德荣就是他们学习的榜样，是他们身边的一名"老兵"。

关心战士的"老兵"

独龙江边防派出所的武警官兵不少来自大城市，高德荣担心他们不适应这里的生活，于是在每年春节和八一建军节之时，都会组织乡干部和官兵一起吃饭，了解官兵们的生活工作情况。尤其是对刚入伍的新兵，他更是呵护备至，帮助他们尽快适应独龙江的生活。

下乡进村宣传法律知识，为老百姓办证、看病是独龙江边防派出所每天的例行工作。官兵们都说："我们一般都是在路上见到'老县长'，去他家反而常常扑空。他天天下乡从不觉得苦，却经常表扬我们下乡为人民办事辛苦。"每次在下乡途中相遇，"老县长"都会把车上吃的东西留给武警官兵，然后幽默地说："我先走了，不打搅你们为人民服务了。"独龙江边防派出所医生李金徽告诉记者："'老县长'什么事都身体力行，只要是他能自己办的事从来不叫我们。他经常说，人民子弟兵已经很辛苦了，我就不再给你们添麻烦了。"

2001年8月，年仅20岁的北京籍战士于建辉在抢修独龙江乡通往贡山的公路时，不幸跌落悬崖牺牲。高德荣带领100多名独龙族群众，沿着独龙江日寻夜找，最终还是没能找到于建辉的遗体，这也成了"老县长"心中的痛。他经常教育独龙族群众要常怀感恩之心："咱们独龙族绝不能忘记人民子弟兵的恩情！"

严厉认真的"老兵"

高德荣虽然对边防官兵们爱护有加，但在工作上却从不护短："干得好就是干得好，干得不好就得批评。"对此，曾在独龙江边防派出所工作过的吕玉良有深刻的感受，他回忆："派出所因为放早号的事，曾被'老县长'批评过两次。"

第一次"老县长"严厉地说："为什么不放早号，你们是独龙族的守护者，要让百姓们每天听到你们的军号声，和你们一样早起干活。"为此，官兵每天7点多就到村民小组吹起床号，逐渐改变了独龙族群众八九点钟才起床的习惯。几个月后，这个习惯没有坚持下来，他又批评："好事情为什么不坚持，群众早起床搞生产，把房间里外打扫得干干净净，这样很好啊！"自那以后，独龙江边防派出所成为全国唯一为村民放军号的派出所。

一心为民的"老兵"

2008年，派出所打算帮助文面女建立健康档案、定期开展医疗义诊服务，向高德荣汇报后得到他大力支持。为了收集到最翔实的资料，高德荣带着民警走访了所有文面女。如今，为数不多的文面女终于有了完整的电子健康档案，生活状况也有了很大改善。

2009年，派出所在独龙江首先建起了蔬菜大棚，民警向群众传授种植技术时，高德荣都到场听讲，回去后还为各个村委会购买种植技术方面的书籍，并邀请民警到各村做技术指导。他语重心长地对乡亲们说："我们不能老是等、靠、要，要把上级给我们的钱当成种子钱，一块钱要变成两块钱、三块钱，这样独龙江才有希望。"

2011年3月，独龙江乡建设工地一名24岁的工人受伤，生命垂危，必须马上手术。直升机试降了3次都失败了。为了和死神赛跑，高德荣与武警官兵翻越雪山，将伤者送到贡山县城。事

高德荣箴言

我们当干部、当领导的能不能走群众路线，首先看对群众有没有割不断的实实在在的感情。

后，他和乡亲们说："独龙江不仅是我们的家乡，也是外来打工者的家乡，他们为了独龙江的建设而来，我们应该帮助他们。"对于所有来到独龙江的建设者，高德荣都把他们当成自己的亲人。

"多年来，边防官兵不仅见证了独龙江从贫瘠封闭到开放发展之路，也见证了'老县长'一心为民、兢兢业业带领独龙江群众脱贫致富的艰辛历程。虽然'老县长'没有当过兵，但我们就觉得他是我们独龙江的'老兵'。他身体力行、克己奉公、坚韧不拔的精神给我们全体武警官兵树立了一个标杆老兵的榜样。"张维说。

（原载《云南日报》2013年12月3日）

独龙族干部高德荣：
一个伟大的平凡人

云南网记者 李自超

独龙人必须走出独龙江

过去的独龙江乡，石拱桥和水泥桥一座都没有，人们渡江只能靠溜索。高德荣深知，如果没有一条通往外界的公路，住在高山密林中的独龙人便永远也走不出独龙江峡谷。

1999年，经过4年的修建，贡山县城至独龙江乡通了公路，独龙族人乘车去县城只需9个小时，运输成本大大降低，行进时间大大缩短，办事效率大大提高。而高德荣几乎参与了整个独龙江公路修建的过程。

独龙江公路沿线山势险峻、沟谷纵横、地质结构复杂、气候环境恶劣，可以说修建难度相当大。在修建过程中，高德荣经常带人沿途考察。"当时我还是交通局局长，老高带着我，一起跟着工程队掘进。他对这里的整个环境太熟悉了。"贡山县副县长郭建华这样告诉记者，"他还是一个观念非常超前的人。那时我们只想着赶快修通这条公路，而他却已经提出路必须修通，但是不能破坏沿途的植被。"

据相关人士的回忆，高德荣在1996年独龙江简易公路挖建时就提出：力争最大限度保护好沿途的植被资源！"既要发展也要生态，现在这个观念已深入人心，但在当时对于急于走出封闭的独龙族来说，这样的观念是宝贵的。"郭建华说。

"在保护中开发，在开发中保护"的理念，现在依然是高德荣开展工作遵循的重要原则。他在每一次下工地、进村子时总要强调保护植被。有个别施工队和群众有乱砍滥伐树木行为时，如果被发现，高德荣不仅当场严厉批评，还会不讲情面地向乡林业站举报。

贡山县林业局局长肖永福曾对高德荣说："您一个人对独龙江动植物的保护，超过我们7～8个森管员的力量。"

走出封闭，保护了环境，高德荣现在有另一个更大的心愿就是希望尽快打通独龙江和高黎贡山与毗邻国家的口岸通道，尽快实施"南下北上、东进西出、打破口袋底"的交通发展战略，将现在的公路向北延伸进西藏，向东连接起迪庆。这样不但从根本上解决了整个怒江州的交通"瓶颈"问题，而且还可以将独龙江与西藏的察隅、迪庆的梅里雪山合成一个环行旅游线路，让美丽的独龙江成为滇西北最富魅力的旅游胜地。

为贫困少数民族发声

2003年至2008年，高德荣担任了十届全国人大代表。作为独龙族的唯一代表，高德荣多次在全国"两会"上呼吁国家加大对边远贫困民族地区基础设施建设的投入力度。

2005年2月13日，云南省贡山县遭遇百年未遇的特大雪灾。高德荣县长夜以继日奔波在灾区。10多天里，他跑遍了怒江沿岸的二十几个村委会。每到一处,他挨家挨户了解灾情、慰问灾民,深入第一线带领干部群众抢险救灾。

当时,丙中洛乡是受灾较为严重的一个乡,交通和通信全部中断,数天以来都难以恢复,此事揪着高德荣的心。2月27日,他决定再次到丙中洛乡视察灾情,组织运送救灾物资。由于2月28日,高德荣要起程前往北京参加第十届全国人民代表大会第三次会议,贡山县政府办公室的同志建议他不要去了,留在县城指导工作,但他执意要带领视察组再走一趟。

"那天的雨特别大,从贡山县城到丙中洛乡的公路多处出现雪崩和泥石流,特别是在接近怒江第一湾的路段,因雪崩发生泥石流,不断有滚石砸落在路上,汽车为躲让落石左逃右避,平时半个多小时的行程足足用了两个半小时。"原贡山县委宣传部部长,现怒江州总工会常务副主席王新宇说。

3月5日下午,在出席十届全国人大三次会议的云南代表团举行第一次全团会议时,高德荣发言说:"贡山县遭遇百年未遇的特大雪灾,灾害造成6人死亡,22人受伤,交通、水利、电力、通信等基础设施损毁严重,直接经济损失近亿元。"

"在特大雪灾面前,贡山县的基础设施不堪一击。就连国家帮助新修不久的独龙江公路,在这次雪灾中也未能幸免。"高德荣毫不隐讳地说,"当前,贡山县亟待解决的一个迫切问题就是加快基础设施恢复重建,把灾害的损失降低到最低程度。"

高德荣每次参加全国"两会"都呼吁,我们边疆少数民族地区基础设施建设薄弱,抵御自然灾害能力差,国家应给予重点帮助和支持。同时,应加强对边疆少数民族地区资源开发和科技教育的政策扶持力度,优先安排资金,帮助这些地区实现跨越式发展,缩小

与发达地区的差距。

　　"我是人民选出来的县长，也是人民选出来的全国人大代表，我深知自己肩上的责任和担子的分量。"在一次发言开始前，高德荣做了这样的开场白。

"工作狂"离不开家人支持

　　在同事眼里，高德荣是个聪明、执拗的"工作狂"，他的工作地点都在车上、乡镇、村寨和各部委办局里，所以如果看到老高在办公室里，要么是开会，要么是约了人了。因为高德荣非常勤于下乡调研，对乡情、村情都非常熟悉，乡镇领导也都怕他来调研，就因为有些情况高德荣比他们还掌握得清楚，而且他从不听干部的工作汇报，而是入村入户去调查、了解情况。工作结束，天色暗下来了，看到村子里哪家的灯还亮着，他就会进屋里坐下来和村民拉家常，碰上老弱病残的，他总会给对方留下一两百块钱。

在高德荣的儿子高黎明的记忆里，父亲的工资、津贴很少用于家里开销。"像试种草果的费用，我父亲都把自己的津贴用了进去。"高黎明说，"我和我姐姐从小到大的学费几乎都是用母亲的工资。"

大部分精力投入工作，也让高德荣不太顾得上家庭的生活。在当地，熟悉他的人都常说一个段子。在女儿结婚时，高德荣没有出席婚礼，而儿子结婚时高德荣也只是参与了10分钟后，便又离开赶赴工作岗位。

面对父亲这样的做法，高德荣的儿子高黎明说："事情发生的时候要说没有一点抱怨，那是不可能的。但父亲这几十年对工作的态度都是这样，他是在为整个独龙族做实事。我们都理解他。"

没有家人的支持，高德荣的工作也不会进行得那么顺利。他的妻子在县医院当医生，平日里工作也很忙，和高德荣一天也很难碰

上一次面，因为往往她睡着了，高德荣才回来，她起床时，高德荣早已出门了。但就是这样，妻子每天都坚持给他做晚点。熟悉他们的人都知道，在高德荣家的厨房里有一个小土罐，每当高德荣回到家，都能吃上土罐里热乎乎的牛奶煮荷包蛋。牛奶还是他的妻子专门从迪麻洛村订来的鲜奶。

如今，高德荣的妻子已经退休并跟随高德荣长驻独龙江乡，见证那里日复一日的变化。

带领独龙族迈向"第三次解放"

在高德荣的眼里，独龙族人民获得了三次解放，第一次解放是新中国成立，使独龙族人民获得了民主政治权利，实现了从"野人"到人的跨越；第二次是独龙江公路的修通，使独龙族人民获得了从封闭到开放的发展环境。现在正在实施的独龙江整乡推进独龙族整族帮扶行动计划则是第三次解放，独龙族将因此从贫困迈向小康，实现发展的大跨越。

高德荣离开贡山县县长的岗位后，那里的群众还是习惯尊称他为"老县长"，而他也乐意接受这个称呼。独龙江乡黑娃底村的肯啊勇一提起"老县长"高德荣，话便多了起来。作为高德荣定点帮扶的一户农户，肯啊勇一家对高德荣充满感激之情。

回忆起初次遇见高德荣的情形，肯啊勇印象最深的是高德荣并未做自我介绍。"当时是独龙江公路修建的时候，当工程队推进到我们家附近的时候，我便看见一个大叔向我走来询问我们的生活情况。当时觉得老县长只是一个普通的邻家大叔。"肯啊勇回忆说，"直到他后来教我们种植玉米土豆时，我们才知道他原来是位官员。"

在独龙江乡、在贡山县，这位受人爱戴的"老县长"带着群众一步步脱离贫困。在当选为怒江州人大常委会副主任后，高德荣要求组织将自己派往独龙江工作。他常说："独龙族同胞还没有脱贫我的办公室应该设在独龙江。"2010年1月，云南省委、省政府启动独龙江乡整乡推进独龙族整族帮扶项目，计划用3～5年时间，总投资约10亿元，实施"安居温饱、基础设施、产业发展、社会事业发展、素质提高工程、生态环境保护与建设工程"六大工程，高德荣担任独龙江乡整乡推进独龙族整族帮扶项目小组副组长。

几十年里，无论担任什么职务，身处什么位置，高德荣都年复一年、日复一日地在一线带领独龙江乡干部群众探索发展之路。如今，独龙江畔草果飘香，国家免费建盖的一幢幢别墅式的农家小院拔地而起，宽敞平整的柏油路通向独龙族村寨；独龙族群众和山外的城里人一样享受上网、通话、看数字电视……

写给"老县长"的诗

当地一切变化都和高德荣有着密不可分的关系。在当地流传着一首名为《老县长——致贡山县老县长高德荣》的诗，表达了当地群众对高德荣的爱戴。这首诗这样写道：

人们都称他"老县长"

称呼里充满由衷的尊敬

他乐意这样的称呼

虽然他已是副厅官衔

有关他的轶事

十天十夜也说不完

如果你到过贡山

街头补鞋的大爷都知道老县长的故事一二

如果你到独龙江

你可能一不小心就遇到老县长

在独龙江的草果林里

我真遇到了他——其实也没有什么

不过是个身材不高、脸庞堆满微笑的老人

朴素的着装和山民无二

他跟你讲话

没有那种"公仆"式的官腔和套话

而是一切从实际出发

直来直去实实在在

如果在山道上遇到

谁也不会多看一眼

但我并不失望

我开始更崇敬这位老人

让我重新审视了人生

一个人的高大

真不在身材或者着装

有人评价高德荣是一个伟大的凡人。我想说他平凡，是因为他做的都是一件件具体的小事，而说他伟大，则是因为他数十年如一日地做着这些小事。当然，每一件小事的背后，都倾注着高德荣对当地各民族群众最深切的关怀。

国家主席习近平在十二届全国人大一次会议闭幕会上说，全体共产党员特别是党的领导干部，要坚定理想信念，始终把人民放在心中最高的位置。

高德荣，这个拥有近30年党龄的独龙族干部做的不正是这个吗？

（原载云南网2013年4月10日）

独龙族老县长高德荣：
一堆计划不如办一件实事

《春城晚报》记者　连惠玲

　　"一大堆计划不如为群众办一件实事。"这是高德荣常挂在嘴上的话，了解高德荣的人都知道，他的"办公室"在车上、乡镇、村寨和各部委办局里，因为勤于下乡调研，对乡情、村情都非常熟悉，一些乡镇领导都怕他来调研，因为有些情况高德荣比他们还掌握得清楚，而且他从不听干部的汇报，而是入村入户去调查、了解情况。工作结束后，他就会进屋坐下来和村民拉家常，碰上家里实在困难的，他总会留下一两百块钱。

　　在怒江贡山，高德荣极具知名度，尽管已经是厅级干部，人们还是亲切地称他为老县长，并津津乐道他的种种"传言"，关于他"狡黠"的机智，"拐弯抹角"的道歉，平和又固执的性格，超强的记忆力，但不论是何种传言何种评价，其中三点评价是大家都公认的：工作狂、团结同事、热爱家乡。

"把我的'办公室'设到独龙江乡"

　　1954年，高德荣出生于独龙江畔，1975年7月，毕业于怒江州师范学校，留校参加工作，任团支部书记。1979年，主动申请回到偏远

的独龙江乡巴坡完小任教。后历任乡长、贡山县县人大常委会主任、县长等职务，卸任县长后，被任命为州人大常委会副主任。

"高德荣以'工作狂'著称，只要睁着眼，他都在工作状态之中。"现任怒江州文化局局长的普利颜，曾与高德荣共事近3年，普利颜说，高德荣无论与谁在一起，都会聊工作的事，独龙族人幽默，爱开玩笑，但这个特点在高德荣身上根本体现不出来，即便是喝高了酒，说的还是工作上的事。

2006年2月，高德荣被选举为怒江州人大常委会副主任，同年4月，他卸任贡山县县长。面对州府相对优越的生活和工作环境，高德荣却诚恳地向州委和州人大常委会提出："请允许把我的'办公室'设到独龙江乡，因为独龙族同胞还没有脱贫。"

"对外来干部要关心要讲团结"

1999年9月被国务院授予民族团结进步模范称号，对于这个荣誉，"老高"的同事都十分认可。"原来贡山的干部很难出来，但是我们和老高这一批的都出来了，不论是哪个民族的干部，老高都是一视同仁。"

怒江州总工会常务副主席王新宇至今记得2003年7月14日，她刚上任贡山县县委宣传部部长第一天见到老高的情形，"大家讲究喝进门酒，我说我不能喝酒，原以为会不受待见，但县长一直像老大哥一样关心着我。"

"贡山条件艰苦，人家从外面到贡山工作不容易，对外来干部要关心、要讲团结。"高德荣时常这样对当地干部群众说。他是这样说的，也是这样做的。每当碰上节假日，只要有外来干部回不了家过年，他都会陪着他们一起过。家里的酒、肉都搬到政府食堂里，叮嘱炊事员一定要把饭菜做好。

"家乡不能再生产文盲和穷人"

几年前，高德荣到家乡调查，看着家乡群众拿到低保金时的欣喜，高德荣忍不住生气了，"这值得高兴吗？这是个好事吗？这么多人领低保金，证明了一件事，那就是我们太穷了，这不是个光荣的事。"

在高德荣看来，教育是脱贫的法宝。每年独龙江大雪封山期间，高德荣家里总是有一群独龙江的学生。学生放假因雪封山回不去了，高德荣就把县城和外地读书回来的独龙江学生喊到家里居住生活。爱护学生，重视教育，高德荣深知只有教育搞好了，独龙族群众才能够真正脱离贫困。他常说："教育上不去，发展就上不去，我们不能再生产文盲和穷人了。"

"在他眼里，教师就是独龙江的宝贝，独龙江的群众实在太需

要他们了。"有一年大雪封山在即，而新招聘的16名教师和医务人员却需要立马赶赴独龙江工作，时任县长的高德荣尽管重感冒，仍然坚持亲自护送他们进独龙江。而今，独龙族不仅有了自己的小学和中学，还有上百人考上了大学。

在高德荣的心里，还有一个更大的心愿：他希望尽快打通独龙江和高黎贡山与毗邻国家的口岸通道；尽快实施"南下北上、东进西出、打破口袋底"的交通发展战略，将现在的公路向北延伸进西藏，向东连接起迪庆，这样不但从根本上解决了整个怒江州的交通"瓶颈"问题，而且还可以将独龙江与西藏的察隅、迪庆的梅里雪山合成一个环形旅游线路，让美丽的独龙江不再孤独地养在深山人未识，使之成为滇西北最富魅力的旅游胜地。

（原载《春城晚报》 2013年4月12日）

"老县长"高德荣

《春城晚报》记者 黄兴能 赵 希 连惠玲 杨 茜 雷 鸣 谭江华

高黎贡山高，太难攀上它的顶峰，去极目领略那方天地中的无限风光；独龙江水长，太难走到它的源头，去尽情汲取层层绿浪里的清纯滋养。信念如山、深情似水，这正是独龙族干部高德荣带给我们的强烈感受。

高德荣，一位特别的独龙族干部，一位村民口中亲切的"老县长"，一心为民，一生务实，一身清廉。

"老县长是我们的义务林管员。"乡林业站的同志说。"老县长是我们的隔壁老大爹。"独龙族群众说……在很多人眼里，高德荣是蹲守独龙江畔的逐梦人，让乡里4 000多独龙族群众摆脱贫困跨越前行一直是他兢兢业业的追求。

高德荣，这位带有传奇色彩的独龙族全国人大代表，在独龙江土生土长，担任过独龙江乡乡长、贡山独龙族怒族自治县县长、怒江傈僳族自治州人大常委会副主任……2010年1月至今，担任怒江州委独龙江帮扶工作领导小组副组长，2012年1月起在怒江州人大常委会享受副厅待遇。

"一心一意为乡亲们服务的'老县长'高德荣践行了为民务实清廉的要求，保持了共产党人的政治本色。"云南省委书记秦光荣如是评价。

近日云南省委决定：为引导全省广大党员干部树立正确的世界

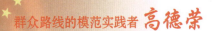
观、人生观、价值观，把我省党的群众路线教育实践活动不断引向深入，在全省开展向高德荣同志学习活动。

走进独龙江畔，走近高德荣，让人更加明白，他几十年的不懈追求和执着坚守，都是为了老百姓，为了当地的发展。而他的故事，也在大山间，一直被讲述着。

独龙江畔"钉子官" 一心为民"老县长"

2013年3月16日，贡山县城，一栋老旧的楼房。一位40多岁的妇女这样评价高德荣："老县长"是个能干的领导。出自百姓口中的这个评价并不简单，何况7年前他已从该县卸任。

在当地，高德荣是一个传奇，至今人们认为贡山如今成为怒江州获取项目和资金支持最多的县，高德荣是一个很重要的因素。

越是了解高德荣，我们越被他吸引。他是工作狂，性格固执，脾气算不上好，直率中又有着狡黠，也会有孩子般的纯真，与他交谈，听不到一句空话套话，当然每句都离不开独龙江的发展。

其实，几十年来，高德荣都在努力做好一件事——寻路：这条路是联系外界的公路，是加快发展的经济之路，更是充满希望的教育之路。"老县长"总是迫不及待地期望看到这样的未来：路铺好了，孩子们读书成才回归了，独龙族实现真正的跨越，告别贫困与落后。

告别校园重返故里

1972年开山季，18岁的高德荣独自一人上路，背着简单的被窝铺盖，从独龙江乡巴坡乡孟丁村的家出发，目的地是怒江州当时的州府所在地知子罗。那一年，他考上了怒江当时的最高学府——怒江州师范学校，这个来自独龙族贫农家庭的小伙子对未来充满了期待。

碧罗雪山与高黎贡山，两座漫长绵延的山，在滇西北相峙对望600公里，咆哮的江水穿过狭窄的缝隙，由南向北疾流奔腾，在峡谷的尽头，当公路消失时，进入独龙江的隐秘小道，就在脚下展开。据说这是世界上最难走的一条路——65公里走完需3天。

沿着狭窄的人马驿道往外走，裸露着岩石的山脊上空，黑沉沉的云压得低低的，脚下是汹涌的江水，急弯怒吼提醒着无处不在的危险，整个场景旷远、神秘和悲凉。穿越雪山丫口，随处可见白森森的马骨，年年开山季节，都有几十匹骡马或因劳累或因失蹄，倒毙在附近。

步行3天，高德荣终于搭上大卡车，坐在车斗里颠簸两天半后，终于抵达学校，当时的州府比独龙江乡条件好得太多，有路有电，生活相对方便。对于很多人来说，走出来，就不愿再回去。因为在校期间表现优异，高德荣1975年毕业后顺理成章地留校工作，担任校团支部书记。在外界看来，这个年轻男子未来前途一片光明。但谁也没有料到，工作4年后，他却向上级提交了一份申请，想回家乡独龙江乡巴坡完小教书。理由简单，态度坚决。

当时，尽管已经有独龙族的大学生，但多数工农兵大学生都是或通过推荐、或通过委培上学的，科班出身者人数为零。在诧异不解的眼神中，25岁的高德荣背着行囊，重新走上返乡路。

独龙江畔"钉子官"

"如果选我，我就辞职，把我调到州里工作，离开贡山和独龙

江，我就相当于没有根了，天天坐在办公室里，我能做什么？" 34年后，同样一幕场景上演了。

有人说，老高就是一个"钉子官"，在独龙江畔，一钉就是38年。

高德荣先后历任独龙江乡乡长、贡山县县人大常委会主任、县长等职务，卸任县长后，2006年被任命为怒江州人大常委会副主任，可从候选那天起，他就一直在推辞。任命宣布当天，高德荣果然没有坐进办公室，而是把办公室钥匙还给了州人大办公室，自己返回贡山了。

事情并没有结束，同一年全国人大代表会在京召开，吃自助餐时，他和现任怒江州纪委副书记王勇德一起，看到当时的云南省委书记白恩培正一个人就餐，高德荣叫上王勇德端上盘子去跟书记一起吃饭，王勇德正有些紧张时，就被高德荣的一番话震住了——"他很直接地说，'书记，我已经写了辞职报告，请你尽快批一下。'我真没想到，也从来没见过当面跟领导要求不当官的。"

后来，高德荣又在独龙江扎下了根。他的头衔是怒江州委独龙江扶贫开发领导小组副组长，他的办公室就在江边简陋的家中，退休的老伴也跟着他来到这里，他曾对记者袒露心声："生活在群众中让人过得更充实，漂浮在官场上使人越来越浮躁。"

为民修路冲闯要钱

在今日贡山县，流传着许多高德荣向上级"要钱修路"的事。参加工作38年来，他始终是一个说干就干的急性子。担任县乡领导时不是在下面带领群众架桥修路、发展产业，就是到上级部门争取项目和资金。

1988年，当时高德荣还只是独龙江乡乡长，在不认识任何人的情况下，他带着乡里两位干部直奔昆明，找到省里的有关部门反映独龙江的贫困，真诚和实际情况打动了相关部门领导，一次性给独龙江乡安排了350万元的资金，这笔款项用在刀刃上，建设了4座人马吊桥，新建了1个小型电站，扩建了乡卫生院、中心学校。

后来，从乡长到县长，高德荣"胆子更大，更冲闯了"，贡山县政协原主席赵学煌回忆，1996年，时任贡山县县长的高德荣带领当时县财政局局长赶赴财政部，希望能得到资金上的帮助。"他们先找到了地方预算司，但要钱修路却没有想象中那么简单，老县长干脆在财政部连蹲数日，住在附近宾馆，每天一起床就去财政部蹲守。"尽管平日里到财政部争取资金的地方干部非常多，但高德荣的举动给人留下了深刻印象，他不仅跑到财政部要钱，也会想方设法地找省委、州委领导反映问题，使出浑身解数，争取资金支持。功夫不负有心人，1999年9月，投资1亿多元、全长96公里的简易独龙江公路正式通车，结束了中国最后一个民族不通公路的历史。在此之前，当地只有一条1964年开通的马帮驿道，因此这条公路的首度通车，被高德荣视为"独龙江乡的第二次解放"。

修路只是第一步，而大雪封山的局面并未改变。高德荣并没有停下脚步，当选全国人大代表后，他每次上会必然会详讲贡山县的"修路经"，随身携带着一张布质独龙江乡地图，见到人就掏出来抖开，一边展示一边讲个不停。他说："中国那么大，怒江那么小，上面很难了解我们的情况，所以积极反映汇报是我们的责任。"

2003年3月5日至18日，全国人大十届一次会议在京举行，第一次以全国人大代表身份上会的他见到了时任国务院总理温家宝，高德荣对总理请示："总理，请给我们修两条路，请来独龙寨做客。"简洁扼要的表述让许多人印象深刻，当他隔年再次赴京参会时，不少领导询问他："你们独龙江的路修得怎么样了？"

大家公认的"工作狂"

在同事眼中，高德荣以"工作狂"著称，只要睁着眼，他都在工作状态之中。高德荣无论与谁在一起，都会聊工作的事，独龙族人幽默，爱开玩笑，但这个特点在高德荣身上根本体现不出来，即便是喝高了酒，说的还是工作上的事，因为"太着急"。

有人曾将干部形象地喻为两类，一是"种草"干部，但求立竿见影；一是"植树"干部，着眼长远发展，高德荣始终考虑用"植树"的方式改变家乡的经济。

在新中国成立前，独龙族是我国尚保存着原始社会末期父系家族公社特征的少数民族之一，也因此，他们是直接从原始社会过渡到社会主义社会的"直过民族"。"上级照顾我们、其他兄弟民族支援我们，是因为我们落后，戴着落后的帽子一点都不光彩，太难看了。不要总想伸手要，要多想想如何放手干。"与硬件建设的全力争取资金不同，高德荣面对独龙族族人时，表现出的是对发展速度的焦灼与心急，在他看来，领取低保是不值得开心的事，只有将输血转换为造血，才是长久之策。

2003年，高德荣到保山考察学习，在一个农家乐里，他做了一个小小的实验，问农家乐老板：你知道你们保山旅游产业发展的目标吗？没想到对方居然也能说出一两句。高德荣很受触动："你看看，农家乐老板几乎有了县长的水平，独龙江要发展，群众素质要提高，贡山的老百姓生活要脱贫，领导思想上也要脱贫。"

高德荣爱工作是出了名的，很多同事说："不要妄想老县长会耐着性子和你拉拉家常，聊聊生活中的琐碎之事。因为他和领导干部讲的，永远只有一个：工作，哪怕就是喝醉了。"也因此，高德荣在任时的领导班子，时常"痛并快乐着"。如果高德荣想到一个好的工作办法或者项目，不论是不是下班时间，都会拉着班子成员开讲。"最让人佩服的是，第二天大清早老县长还是第一个进来，精神抖擞的。"许多同事敬佩地说。

"除了睡觉的时候，不知道他是什么情况，只要见到他，他就是在工作。"在同事眼中，如果高德荣认"工作狂"第二，无人敢认第一。几乎每一次，现任怒江州纪委副书记王勇德打电话给高德荣都能听到"我现在在某某地，这里有个某某工作"或"我在老百姓这里，解决问题"诸如此类的答话。"根本就没有闲谈，张口闭口全是工作。"王勇德说。"我清楚地认识到，如果不发展，如果发展缓慢，就意味着差距越来越大……因此，无论前进道路上有多少困难，我从不悲观失望，不动摇信念。"2005年，老县长在自己的述职报告中鼓励自己。

帮扶脱贫乡下为家

不高的个子，圆圆的、黝黑的面庞，手里拿着斗笠，衬衫的领口已经磨破，手肘处磨得发亮，裤腿挽起来，旅游鞋上全是泥。和四里八乡的老乡都很熟，在村子里穿行，一边走一边不断打招呼，有人感慨，高德荣哪里像个厅官，分明就是个老农嘛。

怎么帮扶？高德荣的路径是下乡，解决问题一定要到现场，面

对面地跟老乡沟通。有人评论高德荣，他下乡的频率已经与农民下地差不多了。田间地头、施工现场、老百姓的火塘边，似乎都是高德荣钟爱的办公场地。

高德荣下乡有3件东西不离身：GPS定位仪、照相机、摄像机。现任怒江州文化局局长的普利颜，曾与高德荣共事近3年。在普利颜眼中，高德荣拿定位仪是怕在深山老林里迷路，拿照相机和摄像机是为了记录贡山的资源，造就了他对贡山资源如数家珍。

在很多人眼中，高德荣更是一个实干家，"与其宣传我个人，不如办一个小康示范村实在。"也因此，他还一度拒绝媒体的采

访。据贡山县委原副书记、现怒江州委宣传部常务副部长稳宜金称，一次宣传部组织记者去采访，结果高德荣早上7点就下乡找树苗了。"说晚上回来，但到第二天还不回来，就去找，结果他在修路民工的帐篷里。"

几年前，在独龙江的产业发展问题上，高德荣一方面广泛听取当地群众意见，一方面还从昆明请来两名博士实地论证，待他自己养殖、种植成功了，再把种苗提供给群众，并不厌其烦地提供全程的技术指导，还经常把群众召集到实验基地，管吃管住地搞培训。"独龙江大雪封山，但观念不能封、学习不能封、工作生产不能封！"高德荣总是这样说。

近年来，高德荣带领当地群众种植的草果、花椒已有一定规模，群众有了收益。老高常说"整一大堆计划没有用，还不如实实在在为群众办实事"，"老县长养蜂比我养得好，他干什么都喜欢琢磨和研究，你看他的蜂箱制作技艺和摆放位置都高我们一筹。"巴坡村委会木拉当小组村民木林功是当地有点名气的养蜂人，他家有80多个蜂箱，平常只有60%有蜜蜂进洞筑巢，蜂箱数量不少，但产量就是不高。"按目前市场价格，平均一箱蜂蜜能卖400元，如果一家人养了50箱蜂蜜就能有2万元的收入。"高德荣算了一笔账后，4年前就带头养殖中蜂，并留意中蜂生活习性，不到几年他的中蜂"存桶"率就高达80%。现在，高德荣每碰到一个独龙族中蜂养殖户都会把自己的经验传授给他们。目前，全乡共养殖中蜂达13000多箱，很多群众都从中获益。

与民众心贴心，手把手传授技术，尽管高德荣早不再担任县长这个职务，但老乡们依然亲切地叫他"老县长"，这个称谓估计要跟随高德荣一生。

不愿被采访的"老县长"

记者颇费周折地联系上了跟着高德荣进山的一位当地记者，其回复却让我们愕然："不知道老县长在哪，被老县长丢下了。"原来，高德荣是真不愿把时间耽误在接受采访上，尽管这位记者已做好了准备跟踪采访报道，奈何大清早老县长就早早出门，有时东家走西家串，直到大晚上才会回来，记者几次早起竟然都没有跟上老县长。

2013年3月中旬，一批记者赶到贡山采访高德荣，因为赶路，晚饭直到晚8点才吃。也许是饥饿，或是饭菜的确可口，一群人对上了餐桌的东西彻底执行了"光盘行动"。饱餐一顿的美好，让大家忘记了路上的危险，一块掉下来的石块砸到了车子的挡风玻璃上，凡是去过怒江贡山的人，便知道其中艰险。

而当一切就绪时，记者们却遇到了采访中的最大困难——主角并不在贡山，高德荣在独龙江，因为大雪封山，也无法进入采访。当地干部透露，高德荣在独龙江一方面是因为工作需要，一方面也是不愿接受媒体采访，尽管当地宣传部、州委宣传部已多次做了工作，但老县长还是依旧行事，并已赶走了几拨记者，其子女也选择了统一战线——缄默。似乎，在接受媒体采访上，高德荣并不怎么服从组织安排。用同事的话来说，"他太固执，认准的事情就会一干到底，没认准的事情自然是不愿干"。

采访最初，记者看过高德荣的资料，提问的起始点聚焦在他的独龙族身份上，一位对高德荣非常熟悉的人说了一番耐人寻味的话："要了解高德荣，目光不能只看独龙江乡，当年他在贡山县当县长期间花大气力做了很多事，但都不是立竿见影的，都得往后看10年、20年才有成效，但当时外界从来只见其辛，而未见其谋。"例如，最初高德荣提出的交通网络的建设，以贡山县为中心，打通东南西北四个方向的交通主干道。往东，那是贡山与迪庆德钦相连的路，目前正在开挖中；往南，连接到六库、昆明，最后一直通到北京，这几年，六库到丙中洛二级公路在启动；往西，联通了缅甸——桥头堡，现在丹珠公路已经竣工。作为独龙江整乡推进整族帮扶的六大工程之一，通乡公路建设已经进入收尾阶段，长达6.68公里的高山隧道一经打通，高德荣和他的民族同胞将梦想成真。

对于高德荣的个性，同事和老乡说起来依然津津乐道。高德荣脾气并不太好，尤其是涉及工作上，因为其绝佳的记忆力，当时对下属布置了工作，一旦没有完成好，不管是过了一天还是一年，甚至两年，高德荣都会记得清清楚楚，且会毫不留情地批评，"有时候就在大街上，他都会指着骂，特别凶。"据高德荣多位曾经的老下属称，"一般争执都是工作上的事，有时候是我们的工作思路是对的，但是他觉得是他的对，就会很坚持，还会骂我们一台"。而第二天，经过一个晚上的思考，一旦高德荣认为是同事的思路正确，就会选择另一种道歉方式，"他会若无其事地打通电话，或者说一下工作上的事情，或者约我们一起吃早点，或者喝茶谈工作"。往往只要有这通电话，下属就知道老县长是在"另类道歉"了。

在许多人眼里，高德荣有时候又是非常可爱的，曾有人和高德荣开玩笑，"你个子不高为什么还姓高呢？"没想到高德荣马上就回答："我站在高黎贡山上，为什么我还不高？"就是这位机智的"工作狂"，偶尔也会有些孩童般的稚气可爱举动。

路修通了条件才能改善

记者：独龙江公路什么时候能通车？

高德荣：可能明年年头些吧。现在还有一段隧道没有打通，打通以后，从贡山县城到独龙江，只需要两个半小时了。现在这段坑塘路就不用了。

以后这段路修通了，独龙江就不用被封山半年了。现在离封山只有70多天了，封山以后，所有东西都进不来。我说，人家走100年，我们因为封山，才能走50年，咋个才能赶上人家嘛？只有路修通了，各种条件才能改善。以后，电信设施、金融设施，这里都会逐步完善。

记者：那以后独龙江会很热闹。

高德荣：就是要让它热闹起来，这里才有发展。现在乡上有1200多户用电户，等到移动、联通进来了，用电量还要增长，我们正在考虑这个问题，改扩建电站，保障用电。

发展中注重生态保护

记者：那马上就要封山了，封山后这里的居民吃菜等问题怎么解决？

高德荣：独龙族没有种菜的习惯，这两年正在慢慢改变。这里已经有了一个蔬菜大棚，种一些平常的蔬菜，到了封山期就能自给自足。这两年因为搞整乡推进、整族推进，独龙江增加了很多人，其中很多是外来的施工队，菜还不够吃，今后我们还要加大大棚蔬菜的种植。

记者：按照您的设想，独龙族靠什么来增加经济收入？

高德荣：我们现在选了两个主要产业：草果和重楼。目前全乡种植草果3万多亩，你看对面山上这些树林中，都是草果。刚刚开始，村民对这个不感兴趣，你要下乡手把手地教，教他们科学管理，如果你不管，草就把草果"吃掉"了。现在不消盯着了，因为草果带来了些经济效益，一亩能挣千把元钱，农民尝到了甜头，他就有积极性了。现在我们正在推重楼种植，计划户均种植3亩，每亩预计有3万元左右的收入，光这块就能有近9万元的收入，有了这块，独龙族就有了收入保障了。

以后，我们还要种植核桃。发展这类林下产品，是最符合我们独龙江实际情况的了，在保护生态中发展。我们不但要发展，生

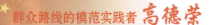
态更要保护好。现在独龙江这种环境，是当地人民多少年保护换来的，我们今后也要保护好。

解决吃住问题发展旅游

记者：有很多人对独龙江很神往，想到这里来旅游，是否也考虑把旅游当作这里的一个产业来发展？

高德荣：我们也想着呢，不过这是等路修好以后的事了。现在隧道还没打通，进来也不方便。我们也在逐步完善条件，比如说在每个村委会打造特色村，搞旅游接待。另外，现在经过安居房建设，除了自己住，也可以搞旅游接待。但是住的条件是有了，吃的问题还没有完全解决。村民不会做，游客来了没有吃的。不要说村里，就是这里（乡政府所在地）都还没有游客吃的。这需要我们走出去学习，请进来培训。此外，还要发掘独龙族文化，没有文化，旅游也搞不长久。

改善基础设施留住人才

记者：我们昨天到乡里九年一贯制学校看了，有初中部，还开办了幼儿园。

高德荣：原来初中部并到贡山去了，但是独龙族的娃娃出去读书不适应，容易想家，时不时又跑回家来，老师是隔天隔天又来做工作，他们任务也是非常重。所以干脆初中部又继续办起，让学生在当地就能读，安安心心地读书。

以前这里没有幼儿园，娃娃到了三四岁也没有地方去，大人整天背着也不是个事。你说到了六七岁才上学，怎么可能赶得上别的娃娃呢？现在有了幼儿园，从小开始教育，这样才跟得上别人的脚步。

说到底，要注重教育，教育是最重要的，提高人的素质，不管是搞农业还是搞旅游。我跟他们说，没有点文化，你当农民都当不了，现在都讲科学管理，你没有文化，什么都不懂，能干什么？

记者：我注意到学校里的老师大多是年轻人，校长说，因为学校老师队伍流动性大，所以老师都很年轻。那我们靠什么来留住这些老师、留住人才呢？

高德荣：流动性大，这个有多方面的原因，主要还是生活不方便，这里条件还比较艰苦。在这里，有的人面临夫妻分居、父母与孩子分离等等困难。这些我们都在慢慢改善，比如说住房。今后，我们还想在独龙江建一个机场，在大雪封山的时候，紧急物资可以进来，如果这里有人生病了，也能送得出去，平时还可以用来发展旅游。等各个方面条件改善了，把人留下来不是问题。

通电通网络　玩场越来越多

独龙江乡，深藏于怒江州贡山县一角，是高黎贡山和怒江怀抱中的一个世外桃源，西与缅甸毗邻，北接西藏高原，因穿境而过的独龙江得名。每年从12月至第二年6月，大雪封山长达半年之久，再加上山高路险，独龙江也因此被驴友们称为"人世间最后一个秘境"。

16日，晚报记者走进独龙江，发现这个"秘境"正发生着巨变。这巨变，从道路交通开始，一直延伸到生活在那里的人们心里。老县长高德荣，始终参与、见证着这些巨变。

"从贡山到独龙江的路怎么样？"前往怒江的路上，这是我们最关心的问题。

之前曾听过不少关于这段路路况的各种传闻：狭窄艰险，路况极差，车只能一蹦一跳慢慢走，沿途易发生滑坡落石。有人甚至告诉我们："独龙江可不是想进就能进的。"

交通的极大不便增加了独龙江的神秘感，使山外的人对它很向往，同时，当地的人们生活有多么不便，也可想而知。由此也让我们好奇，高德荣为什么会在成功走出独龙江后，又会回到这么个交通闭塞的地方？当年，年轻的他毅然决然地选择从怒江州师范学校调回独龙江乡巴坡完小任教。

巴坡村，原来独龙江乡政府所在地。"我上小学时，都没有通公路。"27岁的贡山县公务员余泉香回忆，她的父亲也是巴坡完小的老师，她就在完小上学。由于没有路，这里唯一一家小卖部里的东西很贵。小时她特别眼馋店里的三鲜伊面，但每包1.5元的价钱，对她来说也是昂贵的。"高价也可以理解，因为他们要从贡山县城背货进来卖，人背要走两三天。"平日里家中所吃的蔬菜几乎都是自给自足，"菜种什么吃什么，吃肉，就靠家里养的鸡。"父亲有时也会背上猎枪，去山上打点野味回来改善伙食。

1997年，余泉香随父母工作调动，离开独龙江，搬到贡山县城。两年后，投资1亿多元修建的独龙江简易公路通车。当余泉香2006年重回独龙江时，跑一趟需7个小时，"现在4个小时就到了"。

听到这个"就"字，我们愣了一下，100多公里的路走4个小时，对于我们来说已是有些难以想象，但对于他们来说，这已是很大的改变。

出了贡山县城，刚转上去往独龙江乡的柏油路，我们的摄影记者就大呼："变化真是太大了。"8年前，他曾到独龙江采访，那时走的坑塘路让他记忆犹新，"车子就是一步一步挪着走"。从贡山

到独龙江，他们几乎走了一天。"哪像现在有柏油路了。"

驶出一段后，我们进入三江并流自然遗产保护区。沿途高山溪流、草甸小湖、古树繁花，让人心旷神怡，同行的一位摄影师兼老驴说："这真是驴友的天堂。"

路上，我们遇到了几辆从独龙江出来的车辆：拉货的皮卡车、运客的面包车，以及自由骑士一样的摩托车。

100多公里路，因一段隧道还未修通，需绕行20多公里的坑塘路。我们花了4个半小时，到达了独龙江乡。"等隧道修通后，从贡山进去只需要2个小时。"余泉香说，"不过现在已经能够一天往返了，这是以前想都不敢想的事情。"

餐馆超市　出门上街能购物能休闲

进独龙江之前，我们准备了帐篷和睡袋。"我们那时进独龙江，只有派出所，没有其他能住的地方，也没有电，我们买了菜自

己带进去做，包括肉，要不就没吃的了。"余泉香说。

不过，等我们一进如今独龙江乡乡政府所在地——孔当村，真是大吃一惊，这里有上中下3条街，街上宾馆、超市、菜摊一样不缺，还有两家卖摩托的店，新建的粉红色楼格外醒目。高德荣家就在3条街中最靠上的一条，那是这里最早的一条街。不过很多街上的村民都知道他一般白天不在家，"不是下乡就是去他的试验田了"。

"现在的独龙江乡政府这边，和县里也没太大差别了。"余泉香说。而在她儿时的记忆中，原来乡政府所在地只有巴坡完小、乡政府和乡卫生所。去哪里都是土路，所以很多人生病了也不会去卫生所看，因为交通不便。

晚上没有电，也没什么可玩的，她们几个小伙伴就聚在一起讲鬼故事，一直讲到大家都被吓得不行，就四散回家睡觉。现在，这里通了电，还通了网络，这里的年轻人有了不一样的夜生活。

同样是27岁的李晓香、和艳超，是独龙江乡九年一贯制学校

149

的小学老师，她们分别从曲靖师范学院、昆明学院毕业，之后来到这里工作。"晚上没有自习时，我们就去打乒乓球，或者上上网。不过天气不好时网络会断。"如今乡上不只有了台球室，还有了一段可供休闲的江堤，"我们有时吃过晚饭也会去那边散散步"。李晓香还听说，江堤那边新开了一家溜冰场，这里的玩场是越来越多了。

开办幼儿园　重视教育氛围越来越浓

走在街上，一幢醒目的粉红色新楼里传出孩子们的琅琅读书声，让这条乡街有了不一样的味道。这里就是独龙江乡九年一贯制学校。

余泉香读书时，独龙江乡只有小学，每个年级一个班，总共也就百余名学生，而初中需要到贡山读。后来她又到六库读了高中，到大理医学院读了大学，之后回到贡山县，成为一名公务员。但她的小伙伴中，像她一样能读到大学的少之又少。"那时，常有些孩子不来上学，爸爸还要去做他们家长的工作，让他们送孩子来学校。"

而如今，独龙江乡不只能上小学，还能上初中。"有些学生初中出去读后，不太适应外面的环境，又自己回来了。所以我们现在办起初中，让他们能更好地完成九年义务教育。"39岁的李学梅说。她是独龙江乡九年一贯制学校的校长，一年前从贡山调到这里工作。

当初来这里工作，她也曾犹豫过："我2009年曾经来这里玩过一次，那时候还只有小卖部，我们住的还是小木房。"这样的条件，以及与丈夫、女儿分居三地，让她对到这里工作很是犹豫。最终决定来这里后，她发现，当地生活算得上方便，有了超市，大多数生活用品都不愁。"更重要的是这里尊师氛围比较浓，重视教育。乡党委、乡政府常会与我们联系，看学校有什么需要、难题，他们就会尽快解决。"

"尊师"，这也是李晓香、和艳超两个年轻老师留下来的原因，"这里的孩子比外面的孩子更好管些，特别听话，对老师就是很崇拜那种。"李晓香说。

目前，学校有3个校点，共479名学生，其中99.6%是独龙族学生，适龄儿童入学率为100%。学校有教职工50名，其中老师29名，"现在大都是年轻老师，有一部分原因是这里留不住老师，流动性大。"

我们到独龙江乡的这一天，学校的幼儿园正在招生。"这是独龙江第一次有了幼儿园，到现在已经有32个孩子报名了。"李学梅说，这也是当地越来越重视教育的一种表现。"有的家长，一到开学，就按时把娃娃送来学校，还会主动与老师沟通孩子的教育问题。此外，越来越多的娃娃上学都是干干净净的，从孩子个人卫生情况，也很能看得出家长对孩子教育的重视。"这些变化，都让李学梅对这里的工作越来越有信心。

儿子到昆明拍婚纱　不坐老爸公车回家

从独龙江来，回独龙江去。这是高德荣对自己的安排，扎根于自己的生长之地，为这片土地做一切自己所能做的，将这里作为自己永远的家。

2006年，高德荣回到独龙江抓扶贫开发，办公室就在家中，退休的老伴也跟着他来到这里。

"回来这边刚开始很不适应。"他的老伴说，之前她是贡山医院的一名护士，在贡山县城生活了20多年后，高德荣一句话，把她也带回了这里。"这边刚来时，门口路太差了，都是泥巴，现在才修好的。洗澡也很不方便，家里洗不成，要去下面洗。"她说，但丈夫在哪里，她就在哪里，即使是丈夫常常忙不得回家看她。

对自己的儿女，高德荣也没有帮过他们什么。儿子高黎明从学校毕业后回贡山考公务员，连续两年都名落孙山，第三次才如愿以偿。有人不解地说，你父亲身为州级领导，给儿子安排个工作很简单嘛。然而，儿子从父亲那儿得到的只有一句话：好好用功，多学多干。

那年，高黎明带着未婚妻上昆明拍婚纱照，无意中发现父亲坐的车就停在昆明。"他是到省城办事的，我知道父亲的原则，拍完照我们坐公共汽车回贡山，根本不敢沾他的光。"

"老县长"活得很有激情

在前往独龙江的路上，就已听说了很多同行采访被高德荣拒绝的故事。从怒江州州委宣传部到贡山县县委宣传部，一听到需要联系采访高德荣，对方便面露难色，"老县长不喜欢去采访他啊，觉得占时间，他很忙，有很多事情。"我们曾想过直接到他家里采访。不过，了解他的人都说，"白天基本不会在家，都下乡去了。"连独龙江乡街上的商户都知道这一点，"很少见他，看见时都是准备下乡，大忙人啊。"

高德荣都在忙什么？

在守候了一晚上无果后，昨天早上8点，我们早早打电话给他，正好遇到他在家。"你们不要来采访我了，我没有时间。"电话那头似乎忙着挂电话，在表示了不会耽误他工作后，软磨硬泡，他勉强答应见我们一面。

我们立刻奔向他家。他的家就在独龙江乡乡政府所在地、3条街中最高的一条，这边属于过境路，不如中间那条路繁华。他家是一排竹子平房，有四五个房间，一间大客厅，几间起居室和一个大餐厅，餐厅对外营业，平时就由他的老伴经营。

走进那间大客厅，火塘已经烧得旺旺的，旁边坐了几名乡里来找他商量事的同事。之前我们就已听说过他的火塘会——由于白天经常在外面跑，他很少会在家。而他在家时，必定是各种客人人来人往，有来商量事情的同事，有小学教师，有外面来的领导，有记者……大家就围着火塘说事。

39岁的李学梅就是火塘会的常客，她去年从贡山调到独龙江工

作，在独龙江乡九年一贯制学校担任校长。"我妈妈认识他，所以我小时候就见过他，都喊他叔叔，他从来没有什么官架子，跟我们相处，就像我们家里人一样。"她到独龙江工作一年零一个月，已经到高家火塘会五六次了，说得最多的，就是独龙族的教育。

这位"老县长"个子不高，脊背挺得很直。他端了碗包谷炒面放在我们面前，"来，吃着。"说完又继续忙自己的了，一会儿搬东西、一会儿泡茶。他是个喜欢亲力亲为的人，虽然餐馆里请的小姑娘都在旁边，泡茶等事他仍自己来做。他吃早饭前先吃了颗阿莫西林，老伴说他还在感冒。当天他计划要到自己的种植基地去，那是离他家9公里的一小片地，种有草果、养着蜜蜂，他在这里积累经验，成功后再教给当地村民。虽然病着，但说起草果，这项他正努力推广的产业，他就来了劲，指给我们看家门口山上隐藏在树中的草果，为了让我们看得更清楚，他冒着小雨三步两步冲上山坡去。我们想为他打把伞，可惜跟不上脚步。"不用管他，他天天在这些山上转呢。"老伴说。

"他是个闲不住的人，一天只睡三四个小时，睡还不在床上睡，就在那排沙发上睡。"他的老伴说，"有时候下乡时在车上打个盹，就又精神抖擞了。"他身边一位工作人员说："老县长活得很有激情啊。"

他用身影指挥人

老爷子高德荣话不多，总是用自己的行动影响着身边的人，包括采访他的记者。去年12月底至今年5月独龙江大雪封山期间，《怒江日报》记者王靖生曾花了5个月时间，跟随高德荣一起工作、生活、跟踪采访。然而，刚接触的时候，高德荣对王靖生爱理不理，也不愿多说什么。后来，看到王靖生下工地、进村寨采访，高德荣才慢慢接纳了他，开始一起上山下乡，一起劳动。

这5个月和高德荣一起的时间，让王靖生感触颇深、收获颇丰。用他自己的话说，就是"重新读了一次大学"。

给来访记者吃闭门羹

2012年底，赶在大雪封山前，王靖生来到了独龙江，希望用自己的笔和镜头，记录下大雪封山的最后一个独龙江。因为，独龙江公路高黎贡山特长隧道2014年初就要修通了。届时，独龙江独龙族将结束封山历史。最初的设想，采访高德荣仅仅只是其中一个方面，但见面之后，高德荣改变了王靖生的看法，因为从高德荣身上就可以看到独龙江的变化。

虽然在2004年，两人就认识。但这次王靖生一到独龙江，高德

荣就给他吃了闭门羹。"我本人没有什么好写的，事情都是大家做的，多写写独龙江在党和国家大力扶持下发生的翻天覆地的变化，多写写正在为独龙江跨越发展付出辛勤工作的各族干部群众。"再说什么话，老爷子也爱理不理。

高德荣明显不待见王靖生，让王靖生改变了此前的方法。他穿上迷彩衣、解放鞋，下工地、进农家，跟当地的老百姓没有多大的区别。唯一不一样的是他身上多了摄影包、采访本和笔。

20多天后，在村子里，老爷子和王靖生不期而遇。这次，高德荣没有"不待见"王靖生。不仅如此，老爷子还给村民介绍，王靖生是干什么的，是什么人。原来，老爷子表面上有些冷淡，实际上对王靖生还是很熟悉的。

直到几个月之后，王靖生才明白了其中的缘由。原来，高德荣看到王靖生天天进村入户采访，到工地了解施工难度、进度等情况，觉得他还是个脚踏实地的人。之前之所以"不待见"，是因为老爷子觉得宣传和采访，都是虚的，有那个空，还不如多帮老百姓做点实在的事情。

一起下乡同住同劳动

从此之后，高德荣和王靖生一起下乡体恤民情，同吃、同住、同劳动，这也让王靖生开始了一次特别的采访。

按照高德荣的习惯，这段时间，王靖生没有拿出笔记本和相机，他还担心这样的采访不能完成，怕素材没记在笔记本上而遗忘。但几天下来，他发现，和高德荣在一起的场景，晚上回去，就像放电影一般，都清晰地浮现在脑海里。

老爷子的做事风格，也慢慢改变了王靖生往常的采访套路。于是，在两人一起上山下乡的过程中，经常能看见这样的情景：王靖生借"放水"等理由突然离开，走到老爷子看不到的位置后，赶紧掏出本子来，记下数字、时间、地点等紧要数据，而后又回到老爷子身边。

几天下来，高德荣给王靖生留下了与众不同的印象，他觉得：往人堆里一站，老爷子就是村里某个普普通通的小老头，一点特点都没有。只看外表，根本想不到，他是一个副厅级干部。

"老爷子穿的，跟村民们一样，是洗得发白的蓝色中山装、黑裤子，随便把裤脚挽起，一双烂布鞋……这不是一个普通的农村小老头么？"除此之外，他还发现，在独龙江乡，几乎家家户户的村民都认得老爷子，上至80多岁的老人，下至三四岁的小孩。见了面后，互相热情地打招呼。老爷子高德荣对这里的村民来说，就像一个亲戚。

进村时，老爷子只要方便，就会给村民带点东西，给小孩子带糖果。下乡时，到了饭点，老爷子也从来不跟村民们客气："来，你家有什么吃的？整点东西来吃？"大多数时候，村民们吃什么，他跟着一起吃什么。有时候饭点过了，村民们也很乐意帮高德荣重新整点东西吃。"在村民家里吃饭，就像在亲戚家里吃饭一样随便。"王靖生说，只不过吃完饭后，老爷子总会留下饭钱。虽然村民们大多都不愿意要钱，可都怕高德荣的倔脾气。

看做事是否认真不问出身

老爷子高德荣的倔脾气，也让王靖生有不同的看法。"是的，对于记者的宣传采访，老爷子确实很反感。不过，对于人浮于事的现象，老爷子更讨厌。对于真正做事的人，老爷子是打心底喜欢"。

跟随高德荣的几个月时间，对于王靖生来说，"如同又读了一次大学，学到了书本上不曾有的知识，是一次'理论联系实际的大学'"。

不论头天晚上有什么事情，老爷子每天早上6点就起床，看看电视什么的，7点钟准时就下乡。这些生活习惯也慢慢改变着王靖生，让他都不好意思再睡懒觉。后来，他也养成了早起的习惯。

不仅仅生活习惯，在做人做事方面，老爷子高德荣也在潜移默化地影响着王靖生。王靖生说，理想、信念、务实、忠诚、守信，这些价值观，在老爷子身上是那么平常而又真实。平时，不论是挖石头的工人，还是在耕地的农民，或者是开挖掘机的司机，高德荣都能跟这些人称兄道弟，打成一片。接触多了，这些人确实从心底佩服老爷子。

只要是真正做事的人，老爷子就喜欢。"看人品、看务实、看做

事，不看身份。只要是认真做事的，不论是什么人，老爷子都喜欢。"

王靖生还回忆，在一起的几个月时间中，老爷子从来没有要求过周围的人以及当地的党员干部该干什么，该怎么干。但是老爷子却在用自己的行动，告诉周围的人，该怎么做事。看到了老爷子身体力行的行动后，周围的人都知道该干什么，要干什么。

独龙江乡村公路刚刚修好，经常遇到塌方。这个时候，年近60岁的高德荣往往第一个下车，只要是一个人能搬得动的石头，就自己挪开。在旁边的年轻人，"看着老爷子都能如此，哪个还好意思坐在车上？"直到现在，王靖生还在后悔，当时为什么没有拍一张老爷子在路上搬石头的照片？但想想后，他也笑了："老爷子都在那里搬石头，我哪里还有心思照相？肯定下车跟老爷子一起搬石头了。"

对　话

"他诠释了'领导'二字的真正含义。"

晚报：你眼中的高德荣是一个什么样的人？领导？朋友？老师？

王靖生：非要下结论的话，他在我心里是一个长辈。说领导，不像，跟当地的普通老百姓没什么区别，就是农村里面一个普通的小老头。说不像领导，但是却很有远见。知道落后民族地区一定要发展，而且知道怎么发展。最重要的是，能带领大家一起发展。

晚报：省委号召向高德荣学习，你怎么看？

王靖生：老爷子当之无愧！只要跟他在一起生活四五天，你就知道什么是真正的共产党员，什么是人民公仆。一年时间里，老爷子一半时间在向州里、省里乃至国家要政策、要资金，另一半时间就蹲在田间地头，跟老百姓同吃、同住、同劳作，几乎从不待在办公室里。

晚报：高德荣最大的特点是什么？

王靖生：老爷子用身影指挥人，而不是用声音指挥人。不论是种地栽树，或是修路盖房子，老爷子总会在一线。一棵树要怎么栽才好？草果要怎么种？一块砖多少钱？水泥多少钱一包？这些东西，老爷子都了然于胸，基层情况一清二楚。干这些事情时，老爷子从来不要求别人怎么干，而是身体力行，自己先干，用自己的行动带动别人，而不是站在一旁发号施令。老爷子的行为，诠释了"领导"二字的真正含义。

青基会理事长眼中的高德荣：他是大智慧的人

2008年10月21日上午，云南希望工程"徒步独龙江"活动出征仪式在贡山县城举行，来自北京、天津、上海、江苏、昆明、香港等地的66名志愿者将在3天时间里徒步穿越独龙江乡，希望通过努力为希望工程筹集更多善款。就在这次徒步活动中，主办方之一的云南省青少年发展基金会理事长沈光鑫因公益活动接触过老县长高德荣。"别看他是个少数民族干部，其实脾气倔着呢，对于他不认同的东西，见面都见不着；认同的东西，不请他都会来见面。"当时高德荣对香港来的志愿者说，很感动他们能从祖国最东南面来到最西南面，而独龙族人民什么时候也能去香港看看，也是他的理想之一。

"他一直呼吁打破交通的瓶颈。"

高德荣和沈光鑫见面的次数也就两次，都是因为公益活动而打上的交道。在"徒步独龙江"筹款活动中，高德荣和沈光鑫等志愿者见面聊了大半天，给沈光鑫留下了较为深刻的印象。"高德荣能扎根在自己的家乡，为老百姓的脱贫致富始终如一地坚守着，这就是一种极其宝贵的精神。"

沈光鑫说，很多走出大山的少数民族一出来当了官后，就把当地的老百姓忘记了，但是高德荣是全国人大代表，在他的意识里，真的是为独龙江的老百姓致富，他就是要做一个带头人。沈光鑫说高德荣有这样一种精神，是难能可贵的，也是普通的其他少数民族干部很少做到的，也是令人敬佩的地方。

作为独龙族少数民族干部，高德荣提出要带头致富，要走产业化。产业化起来之前，沈光鑫说高德荣一直在呼吁交通问题，他认为从独龙江走出来第一迫切的瓶颈，就是交通，必须打通这个瓶颈。"他一直在人大代表这个平台上呼吁，促进了路的打通。"沈光鑫说。

"他最喜欢务实能干的。"

沈光鑫说，高德荣跟他聊起独龙江要致富，必须解决零产业问题。在他看来，没有产业的带动就靠国家给钱，就像小鸟一样嗷嗷待哺，张着嘴巴在那里，那是个无底洞，给多少钱都没用，必须要解决一个产业带动的问题。于是，高德荣就在当地推广草果种植。"独龙江的草果种植业就是老县长带头搞起来的。"独龙江乡党委书记和国雄介绍，早在高德荣担任乡长时，他就将草果引到巴坡村试种，收成好的人家一年就能卖7 000多元，目前全乡已种植草果3万多亩，该乡第一个企业——草果烘干厂也应运而生。

"草果产业已经见效，重楼更是增收的重头戏"，为此，高德荣专门请来云南白药的专家考察，作出了重楼种植规划。高德荣做了市场调查，按照目前市场价格，每亩最低也能有近万元的收入，如果全乡实现户均种植1亩，群众的增收就更可观了，等于有了一个巨大的"绿色银行"。

沈光鑫眼中的高德荣，厌恶空谈、懒惰、不思进取的人，最喜欢务实能干、有想法的人。凡是有利于独龙族脱贫致富和独龙江发展的事，他都热情给力："干！放开手脚大胆干，我全力支持！"实打实的高德荣，不断点燃干部群众创业的希望和激情。

"他像农民却又超脱了农民。"

沈光鑫一直记得高德荣跟他说的，"一个贫困的地方最大的贫困还是思想观念的贫困"，高德荣从担任县长时起，就一直在呼吁教育扶贫、文化扶贫，总是说思想观念的解放才是最终解决少数民族问题的根本途径。沈光鑫说，跟高德荣接触，别看他是个少数民族，脾气还是偏的，但他是一个很有智慧的人，思想观念也很新颖，也有笑话他的人。

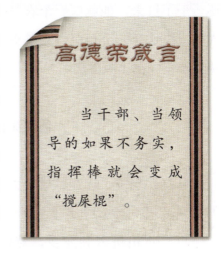

高德荣箴言

当干部、当领导的如果不务实，指挥棒就会变成"搅屎棍"。

"我倒觉得就凭这几点，他就很值得我们尊重。"

高德荣说，少数民族要出去，先解决交通问题，其次是教育问题，唯有思想观念的改变，农民素质才会提高。这一点上，他跟沈光鑫聊起时，提到需要更多的志愿者和政府扶贫支持，促进他们改变自己的文化层次，通过手把手地教授技术，最终提高农产品产量。而最令沈光鑫惊讶敬佩的是，高德荣在促进当地经济发展这条路上，环保意识也非常强。"尽管他觉得要做好产业发展，但也提出不要破坏更多的森林"，沈光鑫说，高德荣也担心交通通了以后，更多人进来，会破坏红豆杉，以及滋生各种环保问题。"红豆杉如果都被砍光了，独龙江真的就没有了。"说起来，高德荣还是带了些担忧的。不过，就在得知云南省青少年发展基金会组织了许多志愿者徒步独龙江，筹得的善款将用于帮助怒江州青少年弱势群体、援建希望小学、资助困难学生、修桥补路等与青少年有关的各类公益扶贫项目时，高德荣感动了。

仅有的两次接触中，高德荣给沈光鑫留下的印象是，他是一个真正扎根在山区的少数民族干部，他手把手带着老百姓把各种事情

逐一干了过来，他就像一个农民一样，但又超脱了农民。他因全国人大代表这样一个角色，见过不少世面，又因为天性里对于土地的热爱，坚守在了独龙江。

他深深打动我们

从昆明出发，途经楚雄、大理、六库、福贡，到贡山时已经跑了800多公里，十几个小时。

再从贡山进入独龙乡，然而这短短的不到100公里的沿江公路，却花了5个多小时。开始仅有的一小段水泥路面在这算得上"高速路"，一路上不仅要面对气候恶劣的雪山垭口，对付路途中的积水、碎石，一路上遭遇的雨天也给行程带来很大不便，有的路段，车速只能控制在10公里以内，着实让人感觉进出独龙乡的不易。

一行人好不容易在10月16日临近傍晚时到达独龙乡，老县长又没在乡上，电话联系后说是去到30公里外的村子办事情，一直等到晚上10点多都没见老县长回来。

直到昨天上午，见到老县长后，发现他一点干部的派头都没有。老县长一听是记者，开始并不愿意接受采访，话也不多，给人感觉就是一个地地道道的山里人，非常朴实。后来听说我们从昆明赶下来，聊着聊着就近了，给人感觉就像是一个老爷爷一样，非常和蔼。

（原载《春城晚报》 2013年10月18日）

没教育就没发展
我们不能再生产穷人了

《云南信息报》记者　周晓蓉　成长群

家人眼里，父亲的工资总是倒贴进工作中。

在同事眼里，高德荣是个聪明执拗的"工作狂"，在高德荣的儿子高黎明的记忆里，父亲的工资、津贴很少用于家里开销。"像试种草果的费用，我父亲都把自己的津贴用了进去。"高黎明说，"我和我姐姐从小到大的学费几乎都是用母亲的工资。"

大部分精力投入工作，也让高德荣不太顾得上家庭的生活。在当地，熟悉他的人都常说一个段子。在女儿结婚时，高德荣没有出席婚礼，而儿子结婚时高德荣也只是参与了10分钟后，便又离开赶赴工作岗位。

面对父亲这样的做法，高德荣的儿子高黎明说："事情发生的时候要说没有一点抱怨，那是不可能的。但父亲这几十年对工作的态度都是这样，他是在为整个独龙族做实事。我们都理解他。"

1954年，高德荣出生在独龙江畔，在他此后的人生岁月里，独龙江就是他永远放不下的牵挂。认识高德荣的人都知道，他是一位在办公室坐不住的人，他的"办公室"在田间地头，在施工现场，在百姓的火塘边。

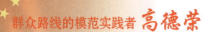

高德荣常说："一大堆计划不如为群众办一件实事。"担任县乡领导时不是在带领群众架桥修路、发展产业，就是到上级部门争取项目和资金。2006年2月，高德荣当选为怒江州人大常委会副主任。可因为他的一句："独龙族同胞还没有脱贫，我的办公室应该设在独龙江。"组织上又将他派往独龙江工作。

现在，高德荣已是位年近花甲的老人，并且已从一线岗位上退下，但他继续担任怒江州独龙江乡整乡推进独龙族整族帮扶领导小组副组长，为独龙江乡的发展、独龙族群众的脱贫致富尽自己最大的努力。

扎根独龙江的"老县长"

在怒江州贡山县，很多人也许没见过他，但关于他的"传奇"，早已流传多年。

高德荣是独龙江畔土生土长的独龙族干部，担任过独龙江乡乡长、贡山独龙族怒族自治县县长、怒江傈僳族自治州人大常委会副主任，现在是怒江州独龙江乡整乡推进整族帮扶工作领导小组副组长，他主动要求长期蹲点独龙江，屈指算来一蹲就是8个春秋，连家都搬到这里。

参加工作近40年来，高德荣不论在哪个岗位上，花时间最多的事情还是与老百姓在一起，而他几十年的不懈追求和执着坚守，都是为了成就一个非凡梦想：让乡里4 000多名独龙族群众摆脱贫困跨越前行。现在，高德荣虽然已经卸任县长之职多年，但老百姓还是习惯称呼他为"老县长"。

"教育上不去，发展就上不去"

每年独龙江大雪封山期间，高德荣家里总是有一群独龙江的学生。学生放假因雪封山回不去了，高德荣就把在县城和外地读书回来的独龙江学生喊到家里居住生活。高德荣深知只有教育搞好了，独龙族群众才能够真正脱离贫困。他常说："教育上不去，发展就上不去，我们不能再生产穷人了。"

1979年，已从怒江州师范学校毕业4年的高德荣被调回家乡的独龙江巴坡完小任教。与高德荣一起工作过30余年的贡山县政协原主席赵学煌回忆说，在那个年代老高（高德荣）就非常重视独龙江教育事业的发展，并且非常关爱学生。

"20世纪80年代初，独龙江乡还处在计划经济的时代，物资供应比较紧张。"当时负责整个独龙江乡物资调配的赵学煌说，"有一次老高看着自己的学生身体太差，便冲进我的办公室叫我多给他些肉。"

大胆上昆要来上百万资金

1988年，高德荣任独龙江乡乡长期间，干过一件很多人都觉得不可能的事情。他壮着胆子带上乡里的两位干部直奔昆明，向省有关部门反映独龙江的困难。结果他们的真诚和独龙江的实际困难引起了有关部门重视，一次性给独龙江乡安排了上百万元的项目资金。有了这笔资金，高德荣领着大家扩建了独龙江乡卫生院、中心学校，新建1个小型电站、4座人马吊桥等，初步改善了独龙江乡的基础设施条件。

2003年至2008年，高德荣担任了第十届全国人大代表。2005年2月13日，云南省贡山县遭遇百年不遇的特大雪灾。高德荣连夜奔波在灾区。10多天里，他跑遍了怒江沿岸的二十几个村委会。每到一处，他挨家挨户了解灾情、慰问灾民，深入第一线带领干部群众抢险救灾。

（原载《云南信息报》2013年9月26日）

高德荣同志先进事迹报告团报告

共产党恩情比天高

怒江傈僳族自治州人大常委会原副主任

怒江州委独龙江帮扶领导小组副组长　高德荣（独龙族）

我叫高德荣，2012年从怒江州人大常委会副主任岗位上退下来，现任怒江州委独龙江帮扶领导小组副组长。

1954年3月5日，我出生在独龙族的一个贫困家庭。独龙族世世代代居住在高黎贡山和担当力卡山深处的独龙江畔，那里是中国和缅甸交界的地方，自然资源非常丰富，战略位置十分重要。

1950年10月，解放军越过高黎贡山雪峰进入独龙江大峡谷，解放了独龙江，第一面五星红旗在独龙江上空高高飘扬，独龙族人民从此站起来了，深深地感受到了"第一次解放"当家作主人的自豪。

我虽然出生在新中国成立后，但对独龙江第一次解放给我们民族带来的变化有切身的体会，从小听父辈讲独龙族爱家乡、爱祖国的历史，讲独龙人在新中国成立前后两重天的时代变化。新中国成立前，独龙族人民还处在原始社会末期，住山洞茅草屋、结绳记事、刻木传信，生活十分贫穷落后。历代反动统治者把我们当成野人，独龙族同胞受尽了歧视和压迫。新中国成立后，才有了"独龙族"这一响当当的族名，成为56个民族大家庭中的一员，独龙人从此迈上了文明社会的新征程。

1972年，我考上了怒江州师范学校，第一次走出独龙江峡谷。毕业后，我留校担任团支部书记。1979年，我主动要求回到独龙江，在巴坡完小当老师。

在党的培养下，我从基层一步一个脚印走上领导岗位，先后被选举为乡、县、州、省、全国人大代表，担任贡山独龙族怒族自治县副县长、县长，2006年担任州人大常委会副主任。我可以理直气壮地说，没有共产党的领导，就没有独龙族的今天；没有独龙族的第一次解放，就没有我的今天。此时，我压抑不住内心的激动，要

高声歌唱："红太阳照到独龙江，雪山峡谷全照亮；红太阳照到独龙江，独龙人翻身得解放。"

党的十一届三中全会后，改革开放政策惠及独龙群众。1999年9月，从贡山县城到独龙江的公路越过高黎贡山正式修通，终于结束了中国最后一个少数民族地区不通公路的历史，独龙族同胞走出了大山，实现了与现代文明的对接与融合。独龙江上架彩虹，高黎贡山跑铁马，这是独龙人的富裕之路、幸福之路。对于独龙族来说，这意味着第二次解放。

如今，独龙江建起了第一所九年义务制学校，独龙儿童不出峡谷就可以读完初中。峡谷水电站像一轮金太阳，照亮了独龙人的家家户户。通了电话、电视、手机、互联网，独龙族群众步入了信息化时代，有了专家、学者、作家，有了人民的公仆，有了民营企业家。欣欣向荣的独龙江，无处不风光；意气风发的独龙人，感受到前所未有的幸福和希望。

2010年，云南省委、省政府决定实施"独龙江整乡推进独龙族整族帮扶三年行动计划"，经过三年的浴血奋战，2012年完成了"安居温饱""基础设施""产业发展""社会事业发展""素质提高""生态建设"六大工程，奠定了独龙江快速发展的坚实基础。两年后，独龙江发展将实现历史性跨越，全面向着小康目标迈进，完成独龙族的第三次解放。

我今年59岁了，从一个不懂一句汉话、不会写一个汉字的独龙族孩子成长为一名能够识文断字的党员领导干部，有幸参与了独龙人民的第二次、第三次解放，见证了独龙江发展的巨大变化。我深深地懂得：如果没有党组织的培养教育，就没有我高德荣的今天！

我时刻提醒自己：无论在什么岗位、担任什么职务，工作和生活条件发生怎样的变化，不忘恩、不忘本、不妄为的做人原则始终不能改变。我经常告诫自己：忘恩就是负义，要怀着一颗对党、对祖国、对人民的感恩之心做人履职，就会多一点自觉和激情；忘本就会变质，要牢记党的宗旨，把群众装在心里，深深扎根在养育我的这片土地上，就会多一点真情和担当；妄为就会出事，要实事求是，脚踏实地，不搞政绩工程、不搞花拳绣腿，就会多一点清醒和务实。

我生在独龙江，根在独龙江，心在独龙江，乐在独龙江。独龙人深深地知道，共产党对独龙族群众的恩情比天高、比海深！只有共产党，独龙族人民才能翻身得解放；只有共产党，独龙族人民才能脱贫致富奔小康。在此，我受独龙族人民的委托，向长期关心支持独龙江发展的各级领导、各级部门、各界人士表示衷心的感谢！

想想老百姓还很贫困，想想孩子们受教育的条件还不是很好，想想独龙江发展中的困难还不少，我作为一名党员领导干部，依然着急、依然忧虑，深感责任重大。我将在有生之年，为实现独龙族同胞与全国、全省同步实现小康社会而继续努力。我们坚信：在以习近平同志为总书记的党中央领导下，独龙族的明天一定会更加美好！一定会和全国人民一道实现伟大的中国梦！

我们的 "老县长"

中共怒江州委宣传部常务副部长　稳宜金（白族）

　　我叫稳宜金，现任中共怒江州委宣传部常务副部长。高德荣同志担任贡山县副县长时，我是贡山县委办公室主任；他担任贡山县长，我担任副县长，与高德荣相识相知和一起工作了15年。直至今日，我仍然发自内心地把高德荣当做我的老领导、好大哥，带领独龙人民脱贫致富，他是当之无愧的"领头羊"；当好一名党的民族干部，他是我成长路上的"引路人"。

　　作为一名土生土长的民族干部，高德荣有着清醒的大局观，他始终坚持国家利益至上、人民利益至上。他经常对我说，如果教育上不去，发展就上不去，我们再不能生产文盲和穷人了，要想尽一切办法来发展教育，提高独龙族群众的文化水平，增强他们对党和祖国的向心力和凝聚力，对于巩固党的执政地位、维护党的民族宗教政策意义十分重大。

　　在他看来，教师和医生是独龙族最大的宝贝。1999年9月，尽管从贡山县城通往独龙江乡的公路修通了，但要翻越海拔3400多米的高黎贡山垭口，每年的12月到翌年的5月，处于大雪封山期，与外界交通中断。2004年12月，大雪封山在即，新招聘的16名教师和医务人员必须赶在封山之前进入独龙江。这时，高德荣县长打电话给我说，他决定亲自护送他们进独龙江。我知道他患了重感冒，苦苦

175

劝说他留在县城值班，可是他没等我说完就挂了电话。

高县长带领我们离开贡山县城不久，大雪纷纷扬扬地飘落下来，迅速覆盖了独龙江公路，因重感冒而呼呼喘着粗气的高县长坐在第一辆车上为车队开路。车队艰难地行进到独龙江公路48公里处，夜色降临，不得不就地露营。高县长担心滚石或突发雪崩，不停地绕着车队走来走去，打着手电一遍又一遍地查看情况，几乎一夜没睡。

第二天一早，积雪更深了。高县长不听我们劝说，冒着风雪徒步探路，他的头发、眉睫很快结了冰，我们看在眼里、疼在心上。车队跟着高县长的脚印一步一步往前移动，终于艰难地通过了最危险、最艰难的路段，第二天傍晚，载着教师和医务人员的车队才安全抵达独龙江。

在高德荣身边工作的日子里，他反复告诫我们："当领导无论官职大小，都要做政治家、思想家、艺术家、策划家、实干家。"高德荣始终怀着对党、对国家、对独龙民族的深厚感情，始终坚持从群众中来，到群众中去。为了独龙江的发展，他嘴皮磨破、鞋底磨穿，上北京、跑昆明争取项目和资金。

他每一次发声，都来自于实事求是的调研，来自于一丝不苟的作风，来自于他政治家、思想家、实干家的胸怀和眼光。2003年，高德荣当选全国人大代表，即将到北京参加第十届全国人民代表大会的前夕，安排我们准备汇报材料。我说："参会代表那么多，哪里轮得到你发言，就算发了言，又能起多大作用？"高县长却说："我这个代表可不小，代表的是一个民族。中国那么大，怒江那么小，上面很难了解我们的情况，积极汇报是我们的责任。我不怕说错话，就怕成罪人。"

在全国人大云南代表团举行的全团会议上，高德荣用不太流利的汉语发言，立即引起与会人员的格外关注。"为什么生态越好的地方越贫穷呢？"面对保护与发展的尴尬，高德荣呼吁："保护不能绝对化，开发不能随意性，只讲保护不发展不行，只讲发展滥开发更不行。要在保护中发展，在发展中保护。"

参加云南代表团全团会议的国家相关部委领导对高德荣的发言深表赞同，纷纷表示，我们不能用停止发展来换取保护环境，更不能为了发展来宽容污染，要通过优化环境来促进经济社会的协调发展。

高德荣不仅重视调查研究，还特别注意记录和积累资料。高德荣被评为"全国民族团结进步模范"，他用奖金买了一部照相机，又学会了摄像。从此，照相机、摄像机和GPS定位仪就成了他下乡调研时必带的装备。他带定位仪是为了更科学地规划产业，带照相机、摄像机是为了记录贡山的发展与变迁。有一次，我陪同高德荣进独龙江，到了野牛出没的地方，看到十几头野牛在河边喝水，他马上拿出摄像机拍摄，足足拍了半个小时。

高德荣想群众所想，急群众所急，反复向上级汇报、提出建议，对于促成独龙江整乡推进整族帮扶战略发挥了积极的作用。

高德荣常说："不爱国的人说爱家乡等于大话，不爱家乡的人说爱国是空话。"朴实无华的话语，道出的却是真理。高德荣无比热爱养育他成长的独龙族群众。2006年2月，他被选举为怒江州人大常委会副主任，4月，卸任贡山县县长。面对相对优越的生活和工作环境，他却诚恳地向州委和州人大常委会提出："请允许我把'办公室'设在独龙江乡，因为独龙族同胞还没有脱贫。独龙族是祖国56朵花当中的一朵，再不加快脚步同其他民族一道赶上小康生活，就是给祖

高德荣箴言

上级照顾我们、其他兄弟民族支援我们，是因为我们落后，戴着落后的帽子一点都不光彩，太难看了。不要总想伸手要，要多想想如何放手干。

国母亲抹黑。"

为了改变独龙族同胞长期依靠国家扶持的状况，变"输血"为"造血"，高德荣决心带领独龙族同胞建设自己的"绿色银行"。2007年9月，他选定的第一个产业是种植草果。为此，他四处奔波，为独龙江乡争取到了两车共7万多株草果苗。草果苗装上了车，为了最大限度地保证草果苗的成活率，他要求驾驶员立即出发，并亲自押车赶往独龙江。经30多个小时的长途跋涉，卡车进入独龙江乡时天已黑了，在他的指挥下，卡车逐村逐社，连夜把草果苗送到早已在路边等候的农户手中。分发完草果苗，天已亮了，卡车司机去休息了，30多个小时没有休息的高德荣，却又一头扎进独龙群众的草果地，手把手指导他们种植草果苗。

高德荣从州人大常委会副主任岗位上退下来，州委决定继续保留他"州委独龙江帮扶领导小组副组长"职务。他说："这个头衔我愿意继续担任，我服从组织的决定，因为独龙族群众还没有脱贫，首先我是一个共产党员，其次才是独龙族领导干部，只要工作需要，我就要一如既往、不折不扣履行好一个党员的义务。"

高德荣参加工作38年来，一心为公、一心为民，踏实做人、务实做事，不徇私情、不谋私利，是党的群众路线的模范实践者，是"爱党、爱国、爱家乡、爱民族"的好干部。他虽然不再担任县长一职已经多年，但群众依然习惯地称呼他为"老县长"，"老县长"这个词在怒江州家喻户晓，成为称呼高德荣同志的代名词。我想，作为一名共产党员，这是人民群众对他的最高褒奖；作为一名党的民族干部，老县长永远是我学习的榜样。

小个子　大胸怀

云南省贡山独龙族怒族自治县政协原主席　赵学煌（傈僳族）

　　我叫赵学煌，退休前任贡山县政协主席。我认识高德荣同志已经有40年了。1984年，我俩同时被任命为独龙江区副区长；1993年，又同时当选贡山县副县长。30多年来，工作中我们是搭档，生活中我们是兄弟。他与人民群众水乳交融的深厚感情，超前谋划的大局意识，海纳百川的广阔胸怀，特别值得我学习。

　　独龙族同胞生活的独龙江，自古以来有"四多四难"之说。所谓"四多"：一是雨水多。一年有300天是雨季，平均年降雨量在3600毫米以上，是世界上降雨量最多的地区之一；二是蚊虫多。无处不在的蚊子和蚂蟥，叮了人就会发炎，长时间难以治愈；三是流行疾病多。流感、疟疾、痢疾、百日咳等传染病发生频繁；四是蛇多。独龙江有上百种蛇出没，人们经常被毒蛇咬伤，老百姓说"独龙江里人吃的东西不多，吃人的东西却很多"。所谓"四难"：一是行路难。新中国成立前，独龙人与世隔绝，从独龙江到贡山县城，徒步翻越高黎贡山，来回要走半个月。1967年，修通了贡山县城到独龙江的人马驿道，马帮进出时间缩短到了6天。由于每年大雪封山，通路时间只有短短几个月，独龙人仍然处于"半隐居"生活状态；二是物资缺乏，生活艰难。大雪一封山，什么物资都运不进去。1965年，一名边防军战士突发急病，上级动用飞机也无法把药品投进去，战士不幸牺牲了；三是通信通信困难。每年通邮时间只有4个月，头一年的报刊书信要到翌年7月才能收到，收到一封家书高兴得不得了；四是找对象难。许多干部职工4～5年才轮到一次假，而且只能安排在八月到十月之间，找对象靠家人选、靠家人定，没有谈情说爱的机会。当时独龙江就是这样一种情况，而高德荣却申请回乡任教，我多少有些不解。

高德荣在独龙江小学教书，我在供销社工作。1981年大雪封山期间，他找到我说，学生长期没肉吃，营养不良，体质太差，让我想办法，说着说着，眼泪不禁而流。他不仅关心学生身体，更关心他们的学习和成长。他教书方法很特别，善于调动学生的学习积极性，让每个学生找出上一节课中不会的生字，难点解决后才上新

课。就这样培养出了一批批优秀学生。干工作也如此，一切从实际出发，因地制宜、因材施教，任何时候都不忘记调动群众的积极性，这些工作方法，在他走上领导岗位之后，运用起来得心应手。

高德荣经常说，独龙江要发展，首先要解决基础设施问题。1988年，担任独龙江乡乡长的高德荣，带上两位同志直奔昆明，反映独龙江的困难，省里有关部门领导被他的执着、真诚所感动，一次性安排独龙江乡项目资金350万元，扩建了独龙江乡卫生院、中心学校，新建了1个小型电站、4座人马吊桥。我夸他了不起，他却诚恳地说："这不是我能干，这是共产党对独龙族人民的厚爱。"

这次修建小型电站花了100万元，其中人背马驮材料，运费花了60万元，这愈发坚定了他修建独龙江公路的决心。

1997年7月1日，经过高德荣等同志多方奔走呼吁，在上级党委、政府的关心支持下，怒江人民盼望已久的独龙江公路终于开工了。我担任独龙江公路建设指挥长，他建议，独龙江最后5公里由独龙族群众组成一个工程队施工，我担心缺乏经验和技术的独龙族群众难以承担此项任务，表示不同意。高德荣却说："正是因为独龙族落后，才更需要学习修路的技术，以后修乡村公路不靠独龙族群众靠谁呢？"

独龙族施工队组建起来了，我担心的事情也终于发生了。修公路不仅非常辛苦，而且技术含量很高，有的民工没干几天就跑回家去了。高德荣看在眼里急在心上，挨家挨户把民工找回来，白天和民工一起修路，晚上和民工一起住工棚。每天天不亮，他第一个起床生火煮饭，菜饭做好后才叫大家起床，还一边吃饭一边教导他们要好好工作、学好技术。一个外地施工队长说，真不敢相信这个亲自做饭的小个子竟然是副县长。独龙江公路最后5公里，就是这个

高德荣箴言

对一个领导来说，自己的私事再大也是小事，群众的事再小也是大事。

"编外施工队"按质按时完成的。后来，这批独龙族民工在修建独龙江乡村公路中果然发挥了骨干作用，我对高德荣的远见卓识更加刮目相看。

1999年9月，独龙族祖祖辈辈期盼已久的独龙江公路全线贯通了。这条穿越高山深谷，至今每年仍有半年时间因大雪封山而中断的简易公路，是独龙族人民的生命线。大雪封山，滚石和泥石流灾害频发，装载机是确保这条公路畅通的重要设备。

2004年3月5日，高德荣正在北京参加全国人大十届二次会议。那一天，云南代表团按惯例为3月出生的代表庆祝生日，省里领导说："老高，今天是您50岁生日，您想要一个什么样的生日礼物？"他想了想，大着胆子说："既然是这样，就送给贡山一台装载机吧。"人代会结束后，代表团回到昆明，高德荣迫不及待地到省交通厅落实"生日礼物"。5天之后，一台崭新的装载机开到了独龙江公路的起点。直到今天，这台装载机仍然在独龙江整乡推进整族帮扶的建设中发挥着重要作用。

每年独龙江快大雪封山和快开山的季节，高德荣都要驻守在雪山上，少则一星期，多则两个月，和交通部门的同志们一铲铲、一锄锄地刨开雪堆，为的是让独龙江开山期更长一些，给运输物资的车辆多走一些，给施工队多留一些运输物资的时间。

2007年5月，高德荣差一点点就下不了雪山。一场突如其来的雪崩把他乘坐的吉普车淹没，高德荣在瞬间不见了踪影。幸亏贡山

县交通局装载机手李阿红及时发现，刨开积雪，才把他救了出来。

如今，独龙江公路全面改造正在热火朝天地建设之中，一条近7公里长的隧道即将贯通。通车之后，独龙江将彻底结束半年通车半年大雪封山的历史，从贡山县城通往独龙江乡政府74公里的四级公路，使独龙族同胞走出大山只需要3个小时。

高德荣还勾画着更为辉煌的宏图：尽快打通独龙江和高黎贡山与毗邻国家的口岸通道；尽快实施"南下北上、东进西出、打破口袋底"的交通发展战略，向西连接缅甸和印度，向北延伸进西藏，向东连接香格里拉，不仅从根本上解决怒江州交通"瓶颈"问题，而且可以将独龙江与西藏的察隅、迪庆的梅里雪山合成一个环行旅游线路，直通缅甸葡萄县，汇入中印孟缅经济走廊，让美丽的独龙江交通四通八达，成为滇西北最具魅力的旅游胜地。这条交通线是滇西北通往缅甸、印度最近的国际通道。到那时，独龙族同胞就会迎来更大的发展机遇，奔小康的路子也会越走越宽。

"小个子，大胸怀"，这是中央媒体在跟踪采访高德荣之后的亲身感悟，也是我40年与他相处后得出的结论。高德荣至今还拖着多病的身躯，继续驻扎在独龙江峡谷深处，跑工地、进农家，争分夺秒、全力以赴，督战独龙江帮扶工程的巩固提升工程。

高德荣常说："只顾眼前走不远，只顾个人做不大。"为了独龙江的长远发展，他以一个共产党员的使命感和责任感，一直坚守着、努力着。

我的"阿摆"

云南省贡山县独龙江乡孔当村村委会主任　普光荣（独龙族）

"阿摆"在我们独龙话里是"父亲"的意思，高德荣老县长不是我的亲生父亲却胜似父亲。

我叫普光荣，是独龙江乡孔当村村委会主任。我们独龙人有一句谚语：让人记住不一定是好人，让人记住又让人一辈子感恩，才是真正的好人。老县长就是这样的好人。很多独龙人根本不知道老县长官有多大，只知道他是一位可亲的亲人和可敬的老人，他一直与我们心连在一起、生活在一起，我们离不开他，他也离不开我们。

我出生在独龙江乡的普卡旺小组，父亲去世得早，照顾家庭的重担重重地压在我的肩上。2001年，18岁的我应征入伍，到遥远的内蒙古当了一名空军雷达兵。家里留下体弱多病的母亲和年近百岁的奶奶，让我非常牵挂。我刚到部队，人生地不熟，经常躲在被子里悄悄地哭，几次还萌发偷偷跑回家的想法。有一天，我盼来了妈妈的来信，信中说："家里一切都很好，你走后，高县长来了两次，给了600块钱，给我和奶奶带了很多用的和吃的东西，还交代乡政府和村委会要照顾好我们，家里的事你不用担心，在部队好好干，不能对不起高县长啊！"老县长无私的关爱和妈妈的谆谆嘱咐，让我百感交集，泪流满面。

185

我在部队安安心心服役了8年，多次立功受奖。这8年中，老县长先后看望我的家人100多次。我每一次回家探亲，他就像对待亲生儿子一样迎接我，我虽然没有了父亲，但是我打心眼里感觉到，老县长就像我的父亲一样。

高德荣箴言

群众的生活一天比一天好起来，是我最大的快乐。

2009年，我从部队光荣退役回到独龙江。第一天见到老县长，他拉着我的手说："你回来了，回来就好啊。现在独龙江公路也修通了，房子也盖好了，水电也通了，当前最重要的任务就是发展产业，带着大家种草果、养中蜂，这就是独龙人的绿色银行。"后来我才知道，独龙江乡气候湿润、雨量充沛，十分适宜草果生长，早在2007年，老县长就开始探索种植草果，率先示范种植，把种植草果确定为独龙江发展产业的主打项目。

我虽然在部队工作多年，种草果、养中蜂却是门外汉。老县长发现我的担忧，拍着我的肩膀说："没关系，到我的'秘密基地'住上几天，包你什么都能学会。"

老县长是个幽默风趣的人，"秘密基地"其实是独龙江边的一排茅草房，房子外面的院子里，养着猪和鸡，山坡上的树阴下，就是他的试验田，院子周围长满了各种树木、花草，郁郁葱葱、青翠欲滴。除了草果、重楼、石斛、野花椒等经济作物外，还有大杜鹃、桫椤、红豆杉等珍稀植物，共50多个品种。

这排茅草房，长40多米，宽4.5米，屋里除了火塘还有一张

"巨型"的直通铺,可解决60多人的住宿问题。老县长笑呵呵地说:"上面看是最长的茅草房,外面看是最长的木楞房,里面看是最长的篾笆房。"第二天,我还发现,房子外边有一个直径足有1.6米的篮球筐,那是2008年北京举办奥运会时,老县长特意交代肖师傅去做的,当时在篮球筐上方拉了一条"独龙江独龙族热烈庆祝北京奥运会胜利开幕"的鲜红横幅,国旗和奥运五环旗在横幅两头猎猎飘扬。这时我终于明白了,原来老县长是借机表达独龙族对党、对国家、对全国人民的感激之情。

培训基地是老县长带着乡亲们和工作人员砍竹子、编竹墙、盖屋顶、挖火塘,一手一脚建起来的。

白天,老县长手把手地教我们种草果、做蜂箱。他告诉我们,原始森林就是巨大的天然凉棚,把草果套种在树阴下,既不会破坏原始森林,还特别符合草果的生长条件。养中蜂其实就是做好蜂箱,引来野蜂筑巢酿蜜。老县长风趣地说:"我们给野蜂把房子做好,野蜂就会派人来考察,它们很聪明,考察到好房子,一大家子就搬进来了。"把圆木锯成50厘米左右的木桩,在木桩上开口,把木桩掏空,蜂箱也就做成了。刚开始时大家没有经验,用斧头砍、用凿子凿,效率低下,一人一天只能做1个蜂箱。老县长反复琢磨,改用油锯后,熟练的工人一天就能做10个蜂箱,学徒一天也能做5个。

戴帽叶猴是国家一级保护动物。老县长带我到江边,指着对岸原始森林里的戴帽叶猴高兴地说:"我把家安在它们附近,它们放心,我也踏实。"

老县长深谋远虑,除了带领我们种植草果、养殖中蜂外,还带领我们发展重楼产业。重楼是一种名贵中草药,是云南白药的重要成分之一。独龙江流域被称为重楼的故乡，遮天蔽日的原始森林成为重楼生长的天然凉棚，生长不受雨水和温度的影响，独龙江全乡都可以种植。

晚上，老县长和我们围坐在火塘边，讲故事、讲发展、讲环保，滔滔不绝。他指着火塘说："我烧的这些柴火都是从独龙江边捡来的，不是从山上砍来的，我们要少砍树、不砍树。"他叮嘱大家："我们民族要形成一种好传统：不炸鱼、不毒鱼、不电鱼、不猎杀野生动物，把好山好水保护好。"他还津津乐道："我们现在慢慢发展起来了，精神也要提起来，光是青山绿水和漂亮的房子不行，人也要漂亮才行……"我听了很多，想了很多，也明白了很多。要睡觉了，老县长还要幽默地说："这里只有通铺，男的睡一边，女的睡一边，我宣布两条规矩，一是睡觉不能熄灯，二是不能脱长裤，我们要文明睡觉"，大家明白他的意思后，纷纷笑了起来。

第二天，我们起床时，老县长已经烧好了水、做好了早饭。大家吃过早饭，准备到独龙江对岸的草果地和重楼苗圃开始实地培训。越过独龙江唯一的交通工具就是一道横跨在江上的溜索，这道临时搭建的溜索又细又陡，看上去很危险。老县长绑好溜帮，带头溜了过去。看着年近60岁的老县长在滚滚江水上晃来晃去，我突然有一种冲动，真想大喊一声："阿摆！"

在老县长带领下，独龙江乡种植草果达3万多亩，人均种植近10亩，去年亩产500公斤以上的有20户，全乡草果收成达到80吨，按每公斤6.6元计算，仅草果一项，全乡农民收入达53万元；养殖中蜂达13000多箱，每箱蜂蜜卖400元，养蜂农户从中受益。老县长还通过招商引资，建起了一个烘干厂，草果就地烘干，群众收益更有了保障。

　　如今走进独龙江，让人眼前一亮的是国家免费建盖的一幢幢崭新的农家小院，通向独龙族各村寨的宽敞平整的柏油路；独龙族群众享受到了互联网、移动电话、数字电视等现代科技带来的便利。

　　这一切，都是在党和政府的关心下，在其他兄弟民族的帮扶下，老县长几十年如一日，风风雨雨带领独龙儿女艰苦奋斗而结出的丰硕成果。

　　老县长像父亲一样拉扯着我、关怀着我，请允许我说一声："谢谢您，老县长，您就是我的阿摆。"

有人辛苦才有人幸福

云南省怒江州独龙江乡帮扶工作队队员　肖建生（藏族）

我叫肖建生，从2000年至今，一直是高德荣老县长的驾驶员。刚听说组织上要调我为高县长开车，可我一点也高兴不起来。这时，大家可能会问，给县长开车这不是很多驾驶员梦想的事情吗？事实并非如此，我早就听说老县长是个不会休息的人，精力旺盛，县政府办给他配了两名驾驶员都吃不消。为什么呢？因为他每天只睡三到四个小时，一年365天，300天几乎都在路上跑，在田间地头转。他和群众一起种草果、做蜂箱，和工人一起铲雪抢修公路，还不许驾驶员闲着。给他开车，哪里像县长的驾驶员，简直就是农用车司机！

当时，我虽然不太情愿，但只能服从组织安排。我跟着老县长干了几个月之后，被他的精神感动了，再也没有打过退堂鼓，两个驾驶员也变成了我一个驾驶员。跟着他我心甘情愿，一干就是十多年。

每当我感到疲惫不堪的时候，总会想起老县长反复说过的"有人辛苦才有人幸福"这句话，以此来激励我、鞭策我，老县长带着我们多辛苦一些，人民群众的幸福就多一些。

我第一次开车送他去捧当乡迪麻洛村委会，村民们看到老县长，纷纷围拢过来，他一边拿出烟递给群众，一边询问生产生活情况。这时，一个3岁多的小孩跑来，拉着他的衣衫喊："县长大爹，县长大爹。"这一声"县长大爹"让我感到无比震惊，这个县长竟然连山沟沟里的3岁小孩都认识。老县长慢慢蹲下来，微笑着抚摸小孩的头，顺手掏出100元给了这小孩。

2002年5月的一天，我们来到双拉娃村黑娃底三组，群众反映有个叫王丽萍的村民，身体残疾，丈夫肯啊勇是外来的上门姑爷，一家人连最基本的吃住问题都没有解决。老县长马上说："走，看看去。"老县长坐在火塘边问王丽萍："你们这里能不能种洋芋？"王丽萍说："可以种。"老县长立即表态："那我送你们些

洋芋种，你们多种点洋芋好不好？"夫妻俩连声说好好好。第二天，老县长督促我把洋芋种送到了王丽萍家，我问他们知道昨天来的是谁吗？王丽萍说："不知道，只是听他说话口音像是独龙族，样子就跟村里的老大爹一样。"从那以后，每次去到双拉娃村，老县长总要去王丽萍家看看，每次都会送些钱或者生活必需品。今年2月份，我陪着老县长又去了王丽萍家，老县长照例又留下了生活用品和300块钱。通过10多年的帮扶，王丽萍一家人的生活条件大大改善，茅草屋变成了宽敞的木板房，两个孩子读上了书，去年还买了一辆摩托车。我看着王丽萍一家日子逐渐好起来，心里感到非常高兴。此时，我真正理解了老县长常常挂在嘴边的那句话："群众的生活一天比一天好起来，是我最大的快乐。"

2005年2月13日，持续暴雪袭击贡山，致使电力、交通、通信全部中断，大量民房和农作物、牲畜受损，直接经济损失7 000多万元。危急时刻，老县长主动承担起道路抢修组组长这一艰难的重任，夜以继日奔波在灾区，每天开车至少行走50公里山路，还要徒步走上一二十公里。停下来吃点干粮的时候，我往往是还没有下车就睡着了。2月18日，老县长来到吉東村，积雪有两尺多深，公路被雪崩阻断，一时无法修通，为了掌握大山深处的双拉娃村群众受灾情况，他说："今天我们走也要走到双拉娃村。"我们冒着冰冷的冻雨，艰难地爬行了3个多小时，终于到达双拉娃村。一到村口，就看见很多村民站在路边等着我们。老人们拉着老县长的手哭着说："你来了，大家都心安了。"看着这一幕，我的眼泪也禁不住掉了下来。

2月27日，老县长去丙中洛乡查看灾情，组织运送救灾物资。那天的雨特别大，从贡山县城到丙中洛乡的公路上，到处都是雪崩

高德荣箴言

一大堆计划不如为群众办一件实事。

和泥石流，在接近怒江第一湾的路段，不断有滚石砸落在路上，为避让落石，车速很慢，平时一个小时的行程足足用了3个多小时。到达丙中洛后，我没来得及缓一口气，老县长一声令下，我们又立即赶往离乡政府最远的秋那桶村。一路上，不断有雪块和砂石掉下来砸在车上，而老县长显得非常从容、淡定，一点都没有害怕的样子。乡村路况实在太糟，汽车好几次打滑，他二话不说，跳下去就推车，一下子变成了"泥人"。正常一小时的路足足走了4个小时，泥糊糊的汽车刚刚停稳，老县长第一个跳下车，扛起一捆棉被就往农户家跑。

老县长告诉党员干部说："我们当干部、当领导的能不能走群众路线，首先得看对群众有没有割不断的实实在在的感情。"2006年，他当上了怒江州人大常委会副主任，却非要把办公室搬进独龙江，让我懂得了老县长这句话的真实含义。

说实话，老县长升官了，我打心眼里非常高兴，也曾经打过"如意算盘"，心想开"农用车"的日子总算熬到头了，凭我和老县长的密切关系和深厚感情，我们一家也会搬到州府去，不说享清福，至少看病要方便许多，因为我妻子患有严重的心脏病，随时可能有生命危险。可是万万没有想到，老县长不但不去州府，还连贡山县城也不在了，硬是要把办公室搬进独龙江。这时，我的欢喜变成了忧虑、变成了困惑，我们半年被大雪困在独龙江峡谷里，如果妻子有个三长两短，我可怎么办？但是，如果换一个驾驶员我还真放心不下，只好一咬牙，跟他进了独龙江。

我跟着他滑溜索、钻原始森林；跟着他砍竹子、建培训基地；跟着他种芭蕉、种草果、种重楼，不仅是驾驶员，按他的说法还是培训基地的老师傅。我跟着他在独龙江一直干到现在，一些驾驶员风趣地说，你给厅级干部开车，把自己开成了一个老农民。

不管别人怎样说，我一点也不后悔。跟着老县长，不仅长了见识，还觉得生活很充实、很有意义，就像老县长说的那样："生活在群众中让人过得更充实，漂浮在官场上使人越来越浮躁。"

有人说老县长是"不会休息的人"，还有人说他是"睡眠不好的人"，可我知道，其实他是一个忘我工作的人。他到昆明开会办事，总是一天去一天回，来去匆匆。他至今没有出过国，没有去过旅游景点，就连石林风景区也没有去过。长年累月在路上奔波，曾多次因公受伤。1988年，他担任独龙江乡乡长，钻山沟摔伤了胳膊；1994年，他任副县长，下乡走访时摔断了肋骨；2000年，他担任县长，到昆明出差，在返回途中遭遇车祸，头部受伤。他平常从来没有住过医院，生病了就到医院简单检查一下，开点药，忍着疼痛，一边吃药一边工作。

他已是一位年近60岁的老人，当我看着他马不停蹄地奔走在独龙江畔，望着他溜过索道飞越独龙江的背影，我心疼不已，心中充满敬佩之情。我最后想说的是，希望老县长健健康康，一生平安，带领独龙族同胞走向更加美好的明天。

父亲的大爱

高德荣女儿　高迎春（独龙族）

我叫高迎春，是高德荣的女儿。

1980年，我出生在独龙江畔。在我儿时的记忆里，很少见到父亲。每天晚上，他总是在我和弟弟睡着之后才回来，第二天早上，等我们起床时，父亲已经走乡串寨去了。我母亲是独龙江乡卫生院的医生，碰上母亲出山学习培训，只有六七岁的我就要承担起照看弟弟的责任。有一次，母亲步行到高山深处给一位农妇接生，当天不能往返。天黑了，我越来越害怕，只能和弟弟紧紧依偎在火塘边，一边安慰自己不要怕不要怕，爸爸很快就回家了。可是直到我和弟弟困得睡着了，爸爸也没有回家。当我醒来时躺在床上，说明父亲回来过又出去了。

8岁以前，我从来没有走出过独龙江。父亲当区长，后来又当乡长，经常去贡山县城开会，我多次期盼父亲能带我去一趟贡山县城，但是深知父亲的原则性强，欲言又止。8岁那年暑假，父亲又去了贡山县城开会，村子里恰好有一位长辈要带两个年纪与我相近的孩子去贡山。妈妈知道我的心思，就托付这位长辈带着我一起进城。临行前，妈妈把准备好的干粮装进独龙族特有的"四方篓"，挂在我的肩上。我们徒步向贡山县城走去，饿了就吃干粮，晚上就睡树洞，第三天下午才到贡山县城。我来到父亲开会的地方，不一

195

会儿，父亲急匆匆地走了出来，一把将我抱在怀里，我激动的心怦怦直跳。两天后，父亲开会结束了，我心里还暗地里高兴，希望我走不动的时候，父亲能背我一程。但是，启程的时候，我发现父亲背了一个装满了上级配发独龙江物资的大背篓，我的欢喜变成了一场空，只得跟着父亲走了整整3天，一步一步地走回了独龙江。

1990年，父亲调到贡山县城工作，我们全家高兴地住进一套47平方米、没有卫生间的房子。这一住就是20多年，如今墙壁、天花板已被冬天取暖的烟火熏得发黑，而墙上、柜子上摆满了父亲的奖状、荣誉证书、参会照片，依然显得醒目。父亲担任州人大领导后，本来可以分一套大一些的房子，可他没有要，这就是父亲的脾气，也是父亲的品格。

从那时起，这套房子就成了独龙族孩子在贡山县城读书的安身之处。周末，家里就像一个大食堂。寒假，独龙江大雪封山，七八个孩子聚居在我们家，吃住全是妈妈管，床不够睡沙发、打地铺，一住就是一个假期。说心里话，我一个10多岁的小女孩，生活肯定不方便，可委屈却没法诉说。父亲成天在外面忙碌，妈妈忙前忙后，细心地照顾着每个寄住在家里的孩子，仿佛这些孩子们才是她的亲儿子亲女儿，我和弟弟倒成了外人。有一次，我听见父亲对他们说："我们独龙人祖祖辈辈们吃树叶、啃树皮这样繁衍下来了，因为受了教育，有了知识，才能真正像人一样生活。"这番刻骨铭心的话，使我久久难以忘怀，是啊，孩子们是独龙族的未来，是独龙族同胞，是我的兄弟姐妹，我们进了城可不能忘本啊。

1997年，我考上云南省电大经济管理学院，到昆明念书。离家在外，我特别想家、特别想妈妈。我知道父亲经常到昆明出差，多么盼望父亲能抽点空到学校来看看我啊！可是整整一个学期过去了，父亲一次都没有来过，只是抽空打个电话过来，有时候我不在宿舍，他就请同学转告我要好好学习、不要想家。假期，我央求妈妈搭父亲的车到昆明看看我，妈妈摇着头说："你爸爸那个人，老百姓的事情再小也是大事，自己的私事再大也是小事。搭公家的车去昆明看你，这样的事情，在他面前提都不要提。"

没想到，第二学期开学后，父亲还真的来看过我一次。他交给我一个装满土豆片的纸箱和一封信，说是妈妈带给我的，说完匆匆忙忙就走了。妈妈在信中说，最近补发了几个月的工资，我爱吃土豆片，就买了些让父亲带给我。我嚼着妈妈带来的土豆片，眼泪禁不住往下流，我亲爱的妈妈竟然不知道昆明满大街都能买到这样的土豆片！从小到大，照顾我们姐弟俩生活、关心姐弟俩学习的一直是妈妈。我们花的钱也是妈妈的工资，父亲的工资，这家200，那家300，几乎都被他送给了独龙江的老百姓。在我印象中，只是当父亲在独龙江工作的时候，我们一家四口人才照过一张"全家福"照片，后来我结婚有了孩子，我弟弟也结了婚，我们一大家子，因为父亲一直在交通不便的独龙江，直到现在，竟然没有机会再照一张"全家福"。

我弟弟在贡山参加公务员考试，由于成绩不好，连续考了3年才考上。父亲当时担任贡山县县长，对弟弟考公务员的事情，他只有一句"好好用功，多看看书"的话。2004年，我要结婚了，正当我兴高采烈地筹备婚礼时，妈妈告诉我："你爸爸说了，绝对不能以他的名义请客。"无奈之下，我只有照办，结婚那天，客人都是我和丈夫的同学、朋友和农村的亲戚，父亲的同事、朋友和身边的工作人员一个也没有请，连肖师傅也没有请，为了这事，肖师傅还埋怨过我。我的婚事是这样办的，弟弟结婚也如此。我和弟弟都是普通公务员，房子是贷款买的，没有花过父母一分钱。

2006年，父亲担任怒江州人大常委会副主任，我心想这下好了，父亲和母亲住到州府去，生活条件和医疗条件都比县城好，更重要的是父亲终于不用再成天往乡下跑了。我多么希望父母能像其他老人一样，一起散散步、打打门球、看看电视，享享清福，安享晚年。但是，很快传来了父亲主动提出不到州府上班，要把办公室搬进独龙江的消息。我和妈妈急坏了，独龙江的交通状况十分恶劣，父亲成天在山路上跑来跑去，万一发生意外怎么办？特别是大雪封山期间，被封在独龙江峡谷里，如果受伤或是患上重病，根本无法送出山外。我让妈妈劝劝他，妈妈对我说："我劝过他了。你爸爸说，上级照顾我们独龙族、其他兄弟民族支援我们独龙族，是因为我们落后，戴着落后的帽子一点都不光彩，太难看了。不要总

想起伸手要，要多想如何放手干，趁我现在还有力气，要带着他们干，教着他们干，我不去谁去？"

2012年，妈妈退休了，她决定搬去独龙江照顾父亲的生活。妈妈的决定让我既欢喜又忧愁，喜的是妈妈是医生，在父亲身边除了照顾他的饮食起居，小痛小病妈妈还可以处理；愁的是妈妈年纪也大了，大雪封山期间，假如有什么意外，我们姐弟俩进不去，两位老人出不来，愁得我忐忑不安。

2013年的春节，大雪封山，我们全家不能团聚，一直等到国庆长假，我和丈夫带上孩子兴冲冲地赶到独龙江去探望父母。父亲带着他的学员们早出晚归，就连吃饭也总在不停地谈论发展产业。父亲很少跟我说话，却特别疼爱小外孙，特意带孩子去参观普卡旺小组刚刚建起来的安居房，我跟着去看了一回。这里变化真大呀，我

们小时候居住的茅草房，在党和政府的关心下，全都变成了崭新的木板房，家家户户的外墙上张贴着鲜艳的五星红旗，每户人家都有两栋房子，其中一幢自己住，有三个卧室、一个客厅、一个厨房和一个带抽水马桶的卫生间，另外一幢是两个宾馆标准间，专门作为旅游接待房，用于发展独龙江的旅游产业，增加农民收入。看着父亲心满意足的微笑，我越来越理解父亲的苦心了，他这些年来的努力、付出和奉献是值得的。

一天晚上，在父亲"培训基地"学习的30多名独龙族乡亲第二天就要"毕业"回家了，父亲特意杀了鸡，准备了一些自家酿的酒。乡亲们围坐在他身边，听他讲政策、讲法律、讲科技，讲家庭成员之间和睦相处的道理。喝高兴了，乡亲们唱起了独龙民歌，跳起了独龙舞蹈，父亲开心地唱起了他作词的歌："美丽的独龙江哟，我可爱的家乡。处处鲜花开放，沐浴着温暖的阳光。美丽的独龙江哟，我可爱的家乡，插上了高飞的翅膀，靠的是伟大的共产党。" 听着父亲的歌声，我的眼睛又一次湿润了。

此时，我深深地体会到父亲的爱是一种大爱，他不仅仅是我和弟弟的父亲，而是所有独龙族孩子的父亲；他心里装着的不仅仅是我和弟弟，而是人民群众。这种大爱，需要我们认真感悟、细细回味；这种爱、这种情将永葆人间！

独龙江畔追梦人

《怒江报》记者　王靖生（怒族）

我是《怒江报》记者王靖生。

2012年底，我接到采访任务：进入独龙江，和高德荣老县长共度大雪封山的近半年时间，对他进行"贴身式""体验式"采访。做记者这些年，我听说过很多关于老县长的故事，最感兴趣也是最想了解的是他担任州人大常委会副主任之后，走出独龙江10多年后，走上了副厅级领导岗位，却执意要回到峡谷深处，把办公室搬进独龙江，干老百姓的活，操乡干部的心，这究竟是为什么？

既然是"贴身式""体验式"采访，我尽可能少问多看。进山半个月，我发现老县长的生活很有规律，每天不到6点钟就起床，生火、扫地、做饭，看早间新闻。7点半准时叫上驾驶员就出门了，他要到重要施工点看一看，了解施工中的困难和问题；到农户草果地、重楼地里转一转，和乡亲们说些生产生活中的事，一天很快就过去了。天黑后回到培训基地，必须看新闻联播和天气预报。

一天，我目睹了老县长大发雷霆的场景。我跟着老县长去普卡旺村查看旅游栈道施工进度，当他发现施工队砍了两棵树时，原本笑眯眯的脸一下子紧绷起了。施工队长连忙解释，不砍这两棵树，工程量就要增加许多。老县长不容分说，一边指着他跳脚大骂，一边告诉他不砍树的施工方法。施工队长吓坏了，一个劲儿地认错。老县长不依不饶，要施工队长立即去林业站交罚款。老县长说："我不是要收拾你，是要你记住这个教训！"

过了好一会儿，老县长的怒气才慢慢平复下来。独龙江是老县长的家，独龙江的树，就是老县长的命根子。独龙江要发展，老县长最担心的是环境保护问题。坐车走在路上，他一旦发现路边有丢弃的矿泉水瓶子，就会突然让肖师傅停车，一边低声地咒骂一边把瓶子捡起来。一段时间，他带着人把不可回收的废弃物品或集中焚烧、或挖坑深埋。发展绝不能以破坏为代价，老县长比谁都明白这个道理。

2013年1月23日，我们到距乡政府40公里的迪政当村走访，察看几处塌方而中断的乡村公路。出发前，老县长吩咐大家把大米、食用油和腊肉装上车，他说迪政当村因气候原因不能种植草果，只能发展重楼产业，群众生活还比较困难。查看完塌方路段，已是中午12点了，我的肚子饿得呱呱叫，老县长却让我们背上大米、香油和腊肉，说去迪坝家看看吧，他家条件不好，不要弄到饿肚子。说起来大家可能不相信，全乡1 000多独龙族农户，老县长竟然都能叫出户主或者长辈的名字。我们徒步朝迪坝家走去，刚下过雨，山路又溜又滑，好几次我差点摔倒，老县长不时提醒我小心，同时不忘开上几句玩笑。我们走了一个多小时才到迪坝家，老县长一边招呼我们把食品递给迪坝，一边用独龙话说："这些东西不是我老高送你的，是共产党关心我们独龙族，上级让我给你送来的。"其实我们都知道，这些物品是老县长自己花钱买的，可他从来都是如此，每次给老百姓送钱送物，都要强调是上级党委政府派他送来的。

迪坝喜出望外，按照独龙族习惯，给每人斟上一碗自己酿的水酒。这时，我已经饿得全身无力，双手端着酒碗不停颤抖，老县长一口喝干了酒，我也只好空着肚子一饮而尽。独龙族同胞见面给你敬酒，这是最高礼节，要是不喝，他们会很不高兴。喝完酒，老县长跟迪坝拉了几句家常话又告辞下山。我头晕目眩，走起路来跟跟跄跄，大着胆子抱怨老县长为什么不说我们没有吃饭。老县长很严肃地说："他要是知道我们没有吃饭，家里哪怕只有一只小鸡，也会杀了煮给我们吃，他家条件本来就不好，还要杀鸡做饭给我们吃，这不是给人家增加负担吗？"老县长一席话，让我抬不了头。

这一天，我们只吃了些干粮，回到培训基地已经是晚上8点多钟。刚跳下车，老县长突然大叫一声："糟糕，天气预报还没有看。"老县长的妻子马阿姨笑呵呵地迎上来，对老县长说："没关系，我帮你看过了。"老县长连忙追问第二天的天气情况，马阿姨说天气不好，明天还要下雨呢。老县长顿时显出闷闷不乐的样子。马阿姨笑着说："我是骗你的，天气预报说，明天就要天晴了。"我们这才知道，马阿姨是和老县长开玩笑，逗老县长开心。吃饭的时候，老县长说："去年雨水太多，严重影响了中蜂、草果等产业和其他项目工程进度，所以我最关注天气预报。"

2月3日，老县长率领独龙江帮扶工作队和乡党委、乡政府负责人，冒着风雪来到独龙江公路高黎贡山隧道二标段建设工地，看望慰问春节前仍坚守岗位的武警交通三支队官兵和工人师傅。"我们驻扎了3年，老县长每年春节都带人来慰问。我们在其他地方也干过工程，但这样温暖的关怀在独龙江感受最强烈。"项目负责人、武警交通三支队警官周勇告诉我。

过年了，老县长的儿女都在山外，全家不能团聚。他把留守独龙江大雪封山的干部职工、医疗队员、部队官兵、学校老师请到培

训基地，热热闹闹地吃一顿团圆饭。乡党委副书记余茂祥说："这是老县长逢年过节的惯例，让我们远离家人也能感受家的温馨。"

　　我于2012年12月27日进入独龙江，2013年5月才出来。随后每月坚持回访一趟独龙江。我从老县长身上看到没有惊天动地、轰轰烈烈的壮举，更多的是平凡的故事，但正是这些平凡之事，让我深切地感受到老县长高尚的情操和独特的人格魅力，感受到新时代一个共产党员的光辉形象和民族干部朴实无华的风采：他从巍峨的高黎贡山和奔流的独龙江孕育出的美丽山乡走来，他从淳朴勇敢的独龙人中间走来，他从万千扎根基层、为民奉献的党员干部中间走来；作为一名厅级领导干部，他像个家长，管孩子上学，管老人穿衣；他像个村长，管春天播种，管秋天收获；他像个乡长，管产业布局，管村镇规划。他用自己的行动践行了党的宗旨和一名共产党员的责任。

　　半年的体验采访，我终于找到了他把办公室搬回独龙江的真实答案，那就是他始终不变的一个梦想——"让独龙江尽快发展起来，让独龙族群众过上更好的日子，在全面建设小康社会中不掉队、不落伍"；高德荣同志所做的一切，都是为了实现这个民族梦、发展梦、和谐梦和富强梦，实现这个梦属于他个人、属于独龙民族、也属于全国56个民族伟大的中国梦。

领导干部谈学习高德荣

永葆政治本色公仆本色清廉本色

——秦光荣看望高德荣先进事迹报告团全体成员时的讲话

我和老县长认识多年，对他的优秀品质早有了解，最近新闻媒体集中宣传了老县长的先进事迹，使我们再次深受感动、深受教育、深感钦佩。

高德荣同志是我省土生土长的先进典型，也是我省在开展党的群众路线教育实践活动中涌现出的先进典型。他的先进事迹经媒体宣传后，引起了强烈反响，中央领导同志作出了重要批示，省委作出了向高德荣同志学习的决定。他为独龙族群众争了光，为怒江人民争了光，也为全省人民争了光。当前，第一批教育实践活动进入了整改落实、建章立制环节，第二批教育实践活动不久将启动，在这个关键节点举行高德荣同志先进事迹报告会，为我们开展第二批教育实践活动树立了标杆，意义十分重大。

高德荣同志这个先进典型抓得好。高德荣是我省党员干部的优秀代表，他始终保持农民的淳朴本色，思想上和行动上始终与群众打成一片；他始终肩负领导干部的责任，一心一意为实现"让独龙江尽快发展起来，让群众过上更好的日子"这一目标努力；他始终保持艰苦奋斗的优良作风，数十年如一日扎根偏远山区，一身清廉、一生务实。

要迅速在全省掀起向高德荣同志学习的热潮，学习他的政治本

色，坚定理想信念，始终坚定走中国特色社会主义道路的信心和决心；学习他的公仆本色，始终保持公仆情怀，全心全意为群众办实事、办好事；学习他的清廉本色，始终保持做人坦荡磊落、为官正直清廉。全省党员干部，特别是各级领导干部要深入学习习近平总书记系列重要讲话精神，认真学习贯彻十八届三中全会精神，以高德荣同志为榜样，发扬高原情怀、大山品质，发挥好示范带动作用，争取涌现出更多像高德荣同志这样的先进典型，推动云南科学发展和谐发展跨越发展迈上新台阶。

（原载《云南日报》2013年11月22日）

高德荣展示了云南精神

——赵金在高德荣同志先进事迹报告会上的讲话

高德荣同志始终牢记党的宗旨意识，坚持党的群众观点和群众路线，扎根基层，视群众为亲人，关心群众、服务群众，一心为公、一心为民，踏实做人、务实做事，不徇私情、不谋私利，用实际行动深刻诠释了一个共产党人的先进性和纯洁性。

他为独龙江群众建房、修路、架桥、发展产业，展示了他促进经济社会发展的战略思维和长远眼光，展示了高远、开放、包容和坚定、担当、务实的云南精神，展示了民族干部的优秀品质和时代风貌，是云岭大地继杨善洲等英模人物之后孕育出的又一个重大典型，是广大党员干部学习的榜样和楷模。

要深入开展向高德荣等模范人物学习活动，以先进模范人物为榜样、为镜子、为标杆、为教材，对照查找差距，解决现实问题，推动群众路线教育实践活动的深入开展，为全面建成小康社会、不断夺取中国特色社会主义胜利、实现中华民族伟大复兴的中国梦而努力奋斗。

（原载《春城晚报》2013年11月22日）

人民公仆的本色

怒江傈僳族自治州州委书记　童志云

高德荣同志是一面迎风招展的旗帜，展示了不忘党恩、不忘本色的边疆优秀民族干部形象。

他是有血有肉、有思想、有灵魂的时代楷模，集中体现着边疆民族干部优秀品质和优良作风；他是丈量干部品质和境界的标杆，树起了"大贤秉高鉴、公烛无私光"的精神丰碑；他是一面迎风招展的旗帜，展示了不忘党恩、不忘本色的边疆优秀民族干部形象，他就是高德荣。

独龙族同胞的幸福是他一生的梦想，独龙江的绿水青山是他一辈子的牵挂。他做人不失德、从政不失勤、为官不失廉，在任何情况下，都稳得住心神、管得住行为、守得住清白，在群众心中树立了崇高威望。他感人肺腑的爱民情怀，撼人心魄的人格力量，是我们这个时代的一面镜子，一面纯净、纯朴、纯正的镜子。这面用清澈的独龙江水刷洗过的镜子，映照出领导干部"为民、务实、清廉"的精髓；这面镜子，能够照出污渍，照出不足，更能净化心灵，它真真切切地映射出高德荣同志人民公仆的本色。

忠诚是高德荣同志最崇高的品质

忠诚是为了党、国家和人民的事业而永不背弃的理想、信仰、品格和境界。无论在何种岗位，高德荣都把忠于党、忠于祖国、忠于人民视为自己的神圣职责，这是他终生奋斗的精神支撑。

忠诚于党，有坚定执着的理想信念。高德荣始终牢记党和人民的重托，为了改变民族的命运而信念如山。他几十年不懈追求和执着坚守，处处体现出对党忠诚、对党负责、让党放心的信念。2007年，担任怒江傈僳族自治州人大常委会副主任的他，自愿回到养育

自己的独龙江蹲点工作，首先要求把党组织关系转到独龙江，一心为民的他又在实现独龙江整乡脱贫的风雨路上奔波着。他在事关方向和原则问题上立场坚定，在大是大非面前和关键时刻旗帜鲜明，上为党和政府分忧，下为百姓解愁，始终把加快独龙江乡发展铭记于心，以推动独龙族群众脱贫致富为己任，以高度负责的态度和精神，保持着一名优秀共产党员的政治本色，诠释了一名忠诚干部的崇高品质和理想信念。

忠诚于国家，一辈子扎根边疆固边守土。高德荣有坚定的信念，信念源自于对党和国家的忠诚，对人民和家乡的热爱，只要是利国利民的就干，只要是科学合理的就办。他生活在很偏远的独龙江，但他的视野很开阔，无时无刻不在关心国家的发展变化。他一辈子守住寂寞、耐住清贫，想的是如何让独龙江尽快发展起来，让独龙族群众过上好日子；他的心一刻都没有离开独龙江，为的是能实实在在地帮群众办几件实事，为的是整个独龙族同胞脱贫致富奔小康的梦想。

忠诚于人民，一辈子为民族发展殚精竭虑。高德荣始终秉持为人民群众谋福祉的信念。他说："我们当干部、当领导的能不能走群众路线，首先看对群众有没有割不断的实实在在感情。"即使临近退休，他也没有丝毫懈怠、半点私心，时刻倾听群众呼声，关心群众疾苦，时刻把群众安危冷暖放在心头。他爱民至深、为民至诚，扑下身子、沉到基层，视百姓为父母、待百姓如亲人，全心全意为群众解难事、办实事、做好事。他一辈子都在整乡推进、整族帮扶和民族同胞幸福路上殚精竭虑地奔忙着。

担当是高德荣同志最可贵的精神

高德荣像高黎贡山、独龙江水一样，质朴而有担当。他始终怀着一种重任在肩的使命感和责任感，脚踏实地不漂浮，埋头苦干不张扬，一辈子都在默默地担当着那份沉甸甸的责任。

对地方基础设施建设有强烈的责任感。高德荣从"乡长"到"县长"再到厅级干部，始终心系地方基础设施建设。他动情地说："过去我当乡长时要走完6个村，翻山越岭需要64天的时间。现在通油路了，开车一天就可跑完。"他清醒地意识到制约独龙江发展和扶贫开发最大的瓶颈始终是基础设施问题。他始终不渝地争取各级各部门的政策、资金和项目支持，为解决边疆少数民族的基础设施问题奔走呼吁、献计献策。

对地方经济发展有强烈的紧迫感。高德荣在促进经济社会发展上有独到的战略思维和长远眼光，他深知要实现独龙族的小康梦，就必须走产业化的路子。他长期驻守在每年大雪封山半年的独龙江乡，始终保持艰苦奋斗的劲头和锐意进取的激情，积极查找制约经济发展的困难和原因，带领独龙族群众发展优势产业和特色产业。

对环境保护有强烈的责任感。高德荣对独龙江的环境、生态有强烈的责任感和担当精神。他积极倡导"在保护中发展、在发展中保护"的理念，反对用停止发展来换取环境保护的思想，也不同意为了发展来宽容污染的做法。他清醒地意识到，实现独龙江乡可持续发展离不开绿水青山，良好的生态资源和自然环境是独龙族人最大的财富。

对民族团结和谐有强烈的使命感。高德荣身为独龙族干部，深谙各民族都有自己独特的民族特性、宗教信仰和文化习俗，清晰地认识到独龙江的发展离不开各民族的和谐发力，独龙江不只是独龙人的独龙江。他常说，做民族工作，首先是个感情问题，有了深厚的百姓情怀，就有了为民利民的自觉自愿。他利用自身的独特优势和在各民族中的威望，充分尊重少数民族的民族特性、宗教信仰和文化习俗，妥善处理影响民族团结的问题，防止伤害民族感情的事件发生。他以一己之力，为这个社会带来温暖和感动；他以平常而不平凡的事迹，为这片热土凝聚了团结和谐的力量。

为民是高德荣同志最自觉的行动

高德荣一生扎根边疆为民服务，应该成为每一名党员干部人生的镜鉴。"人民"二字在他的心里总是沉甸甸的，他已把民生情怀

融入他的血液。他总是沉下心来、放下架子，走到最底层的群众中去，真正感知群众疾苦，耳闻群众最真实的声音。

总是融入群众。高德荣在工作实践中，始终把党和群众的需要作为第一选择，把党和群众的利益作为第一考虑，把党和群众满意作为第一标准。他一心想着群众，带领百姓在贫瘠的家园播撒幸福的种子。他始终视群众为亲人，与群众同吃、同住、同劳动，与群众共谋发展，主动为群众办实事好事。他为群众的喜乐困苦、所急所盼倾注了全部的心血。

总是牵挂群众。高德荣对群众的冷暖感同身受，群众的困难他系挂心头。独龙江乡的发展、独龙族群众的脱贫致富，始终是他最为牵挂的事情。独龙江群众点点滴滴的琐屑小事他都亲力亲为地帮助。他总是把群众和自己的想法有机融合，用心去感受群众的安危和疾苦。他总是心中装着群众，把群众诉求当作亲人的需求来对待。

总是带领群众。高德荣是带领边疆边境山区可持续发展的见证者，又是带领独龙族跨越发展的领路人。他带领群众发展生产、保护环境，搞好基础设施建设。现在，他又忙于带领群众提高文化素质，搞好社会管理。

奉献是高德荣同志最真挚的襟怀

高德荣无论在什么岗位、担任什么职务，无论工作和生活条件发生怎样变化，他总是把群众的利益举过头顶，把党的事业记于心间，把名利、得失、荣誉悄然置于身后，一辈子无怨无悔地奉献在养育他的这片热土上，他用身影诠释着一名党员本真的形象和襟怀。

淡泊名利地位。高德荣是一位不为名所累、不为利所移、不为钱所动的优秀领导干部，他的一言一行、一举一动都不是为个人谋私利，他总是心甘情愿为地方经济发展服务，不计荣辱、不计劳累、不计辛苦。只要地方能得到实惠和好处，他什么事都愿意做；只要老百姓能得到好处和发展，他什么苦都愿意吃。在他身上看不到任何私心杂念、低级趣味和庸俗追求。

淡泊个人得失。高德荣作为一名民族干部，始终淡泊自守、任劳任怨，在大是大非面前经得起考验，在小节上同样能固守操节。他在事业进退留转的关键时刻，总能做到不追名、不逐利，无怨无悔。他始终对自己、家人和身边工作人员严格要求。对个人荣辱得失，从来不放在心上，享受什么待遇、坐什么车、当什么官，他对这些都不在乎，总是以能满足工作需要为目的。

淡泊个人荣誉。高德荣获得了很多荣誉，但对个人的荣誉总是不在乎，看得很淡。他始终身体力行，把清贫和寂寞留给自己，在荣誉面前，他从不居功自傲。

高德荣用自己的实际行动诠释了新时期一位领导干部的忠诚、担当、为民和奉献精神。他是怒江各族儿女的骄傲，是高原情怀和大山品质的真实体现，是高远、开放、包容和坚定、担当、务实云南精神的一座"路标"。

群众的幸福就是共产党人的幸福

云南省人力资源与社会保障厅厅长　解　毅

因为工作关系，我与高德荣同志较为熟悉。在怒江的岁月里，对高德荣同志理想信念坚定、对党忠诚的政治品质，为民务实清廉的价值追求，爱党、爱国、爱家乡的赤子之心和鞠躬尽瘁、无私奉献的公仆情怀和始终与人民群众心连心、共患难的政治本色深有体会和感触。

高德荣同志对群众的深厚感情体现在他对独龙江乡那份深深的眷念上。他是独龙江乡的儿子，对独龙江乡这块土地充满了无限的挚爱之情。怒江大峡谷是云南最为艰苦的地方，独龙江乡是怒江最为艰苦的地方，那里半年以上的时间大雪封山，300多天的时间在下雨，就算出太阳，也就一两个小时的事。对落后艰苦的家乡，高德荣同志不是待在城市隔山关心，而是身体力行始终与养育他的乡亲生活在一起，奋战在一起。2006年，因工作需要，组织考虑让他到六库担任更高一级领导职务。高德荣同志没有提一点生活、待遇等方面的要求，只提了一点：以后让他回独龙江乡。对一般人而言名利、物质等东西是重要的，但在他心里，那块土地，以及土地上生活的人民才是最重要的。

心底无私天地宽，这是高德荣同志又一重要的品格魅力。高德荣同志谈不上有多高的理论水平，但正如云南省委指出的那样，他参加工作38年来，一心为公、一心为民，踏实做人、务实做事，不徇私情、不谋私利。在我与高德荣同志的接触中，他就是一个正直、疾恶如仇的人。他评价人，包括领导干部的标准只有一条：是不是真心为群众干事。真心为群众干事的人，真心实意帮助怒江发展的人，他把你当知己，当兄长，当老师。对于那些他认为只会打官腔、说套话的人，不论官多大、职位多高，都很难得到高德荣同志的尊重。虽然他本身也是一名领导干部，但他自觉地从一个普通的少数民族群众的角度，从独龙族人民发展的角度来看待我们各级领导和干部，他始终站在贫困的群众一边，始终站在怒江的发展一边。在他身上，完全体现了不唯书不唯上只唯实的共产党员的优秀品质。

高德荣同志视群众如亲人。他的心离群众最近，群众也最信任他。他长年累月奔波在路上，在每个村寨、每个项目建设工地上。他担任贡山县县长时，由于工作强度太大，一个驾驶员身体实在受不了，他一出差，只好两个驾驶员轮流开车。他身边的工作人员感觉不到他的官气，而是把他当兄长，当朋友。对独龙江乡人民，他不是高高在上指挥群众致富，而是亲身实践，自己动手给群众做出榜样。独龙江乡发展草果种植业时，高德荣摸索着在独龙江边建起示范基地，自己动手修枝，发动群众参观销售过程，用群众接受的方式发动群众、服务群众。这点正是我们许多领导干部，特别是年轻干部身上最为缺乏的。

云南省委作出向高德荣同志学习的决定，是非常正确和非常及时的。高德荣同志生动地诠释了共产党员的精神实质。在面对精神懈怠危险、能力不足危险、脱离群众危险、消极腐败危险和形式主义、官僚主义、享乐主义和奢靡之风这"四风"时，我们每一名共产党员，特别是领导干部，无论生活环境、工作条件和工作岗位发生怎样的变化，都要始终坚持党的群众观点和群众路线，对当官为什么、掌权干什么、工作图什么始终保持清醒的头脑，对群众的感情从不疏远，把群众的冷暖疾苦铭记于心，把发展好、维护好、实现好群众的利益作为毕生追求。

在向高德荣同志学习的过程中，我个人感觉最深的是对党和人民的事业，他有一颗忠心；对群众，他有一颗爱心；对本职工作，他有一颗责任心；对名利，他有一颗平常心。他所做的点点滴滴，让我们感觉可敬、可亲、可信、可学。他的身上，体现了党的领导干部的公平、正义、责任和良心，这是我们共产党员的巨大人格力量，是我们比高楼大厦更重要的发展软环境。要完成党的十八届三中全会确定的各项改革任务，实现云南的跨越发展，需要更多的像高德荣同志一样的干部。

学习高德荣同志，要把握3个重点：

一是学习他正确的权力观，切实加强理想信念。我与高德荣同志相处多年，不论是工作还是私下交流，他从来没有要求我帮助办过什么私事，他整天琢磨的都是群众发展的事。他的整个人生的价值体系是建立在使人民群众更加幸福的基础上。我到省里工作后，他曾找过我，谈的全是独龙江乡的草果产业发展的事，那种发自内心的喜形于色至今仍在我脑海里。他曾说，独龙族要进步，关键要有知识、有文化。因此，他的工资很多都被他用来资助独龙族的学生。在他的工作中，他确实做到了全身心谋群众之利。在他身上，你可以体会到一种很强的使命感，即对党的无限忠诚和带领群众加快发展的强烈愿望，对理想信念的坚守和不懈追求。这是他幸福的源泉，也正是我们共产党人，特别是党的领导干部所必须具备的。

二是学习他强烈的责任感，切实改进工作作风。如果说我们有的人是把私事用公权当公事办的话，高德荣同志就是反过来，把公事当作他个人的私事办。坦率地说，高德荣同志的工作能力并不是最强的，但他的工作态度和责任心是最强的。相对于工作能力，工作态度更能决定我们事业的成败。在高德荣同志的身上，确实有一股抓铁有痕、踏石留印的"钉子"精神，这种精神在今天特别需要。他做的事不是在嘴上、纸上，而是实实在在地体现在公路上、村寨里、高山上。只要看准的事，他一定会锲而不舍地坚持。当前，我们干部队伍中存在的政绩工程、唯上唯书等不良现象背后都有责任心缺失的影子。对事业缺乏责任，对群众缺乏责任，只在表面上对上负责，不对下负责，通过一些短平快的手段为自己积累政绩，或者热衷于表面文章让领导留个好印象，这些都是要坚决予以纠正的。

　　三是学习他对自己的平常心，不断改造人生观、世界观、价值观。邓小平同志曾经说过："一个人把家庭的事关心多了，就没有多大心思去想群众的利益，就会搞特殊化，脱离群众，这是危险的。"高德荣同志作为一名领导干部，他对自己始终保有一颗平常心，从来不为自己和家人谋求特殊利益。对待自己的名利，他确实非常淡泊，他一心争取的是群众的名利。在党的群众路线教育实践活动中，我们一定要以高德荣同志为镜，认真查摆分析自己在人生观、世界观、价值观方面存在的问题，端正心态，正确对待自己的进退留转，保有一颗平常心，对待物质，对待名利，能够做到知足常乐，全身心把自己投入到党和人民的事业中。唯有如此，才能当好一名优秀的党员领导干部。

　　高德荣同志是一面旗帜。只要我们每一名党员干部都能像高德荣同志一样，把全部精力都用在发展上，用在为群众办实事、谋实利上，云南一定会迎来一个更加美好的明天。

向高德荣同志学习
争做新时期最可爱的扶贫人

云南省扶贫办党委书记、副主任　夺石当

高德荣：一心为了独龙族群众

如今的独龙江畔草果飘香，蜜香四溢；国家免费建盖的一幢别墅式农家小院拔地而起，宽敞平整的柏油路通向独龙族村寨；独龙族群众和山外的城里人一样享受上网、通话、看数字电视……独龙族群众高兴地说实现了第三次解放。这一切与出生在这块土地上的独龙族干部高德荣殚精竭虑、倾尽心血的努力是分不开的。

独龙族是一个跨境而居民族和云南省7个人口较少民族之一，仅有4 000多人。新中国成立以来，尤其是十一届三中全会后，独龙族聚居的独龙乡发生了很大变化。但由于独龙江乡自然条件恶劣、经济条件滞后，仍然是一个集边疆、民族、贫困、山区、落后为一体的封闭、半封闭小区域。2008年，独龙江乡农民人均纯收入仅有805元，只占云南省农民人均收入的25%，全国的10%。独龙族群众仍处于整体贫困状态。

2006年2月，高德荣被选举为怒江州人大常委会副主任。面对州府优越的生活和工作环境，他却诚恳地向州委、州人大常委会提出："请允许我的'办公室'设到独龙江乡，因为独龙族同胞还没有脱贫。独龙族是祖国56朵花当中的一朵，再不加快脚步同其他民族一道过上小康生活，那就会给祖国母亲抹黑。"怒江州委、州人大常委会根据实际工作需要，同意了高德荣的请求。

独龙族的脱贫致富一直牵动着云南省委、省政府领导的心。2008年11月，云南省委副书记李纪恒率团到上海出席沪滇对口帮扶合作领导小组第十次联系会议时，建议将怒江州人口较少的独龙族增列为帮扶开发的对象。2009年10月11日至15日，李纪恒率省发改委、省财政厅、省扶贫办、省民委等部门主要负责人，怒江州委、州政府领导，与上海市有关部门负责人一起深入独龙江乡调研。调研组的到来让高德荣同志格外高兴，陪同李纪恒一行顶风冒雨，日夜兼程，翻越高黎贡山，先后考察了独龙江乡孔目村、鲁腊小组、王倬小组、布太娃小组等整村推进项目，以及村级阵地建设，草果种植基地，独龙江乡九年一贯制学校，乡卫生院和乡党委、政府机关，并与近百名独龙族群众座谈。同时，在独龙江乡召开了省、州、县、乡干部座谈会。在座谈会上，有关部门就加大对独龙江乡的扶持力度提出意见和建议。李纪恒十分关心独龙江乡和独龙族的发展问题。他强调，"绝不让一个兄弟民族掉队"既是一个经济问题，更是一个政治问题。各级各部门要尽快编制规划，抓好工作推进，加强统筹协调，强化监督管理，以整乡推进为抓手，以整合资源为切入点，以整乡整族脱贫致富为目标，通过3～5年时间的努力，使独龙江乡和独龙族经济社会实现跨越式发展、可持续发展。高德荣同志当场立下军令状："请领导放心，一定把项目实施好。"高德荣是这么说的更是这么做的。2010年1月，云南省委、省政府下发了《关于独龙江乡整乡推进独龙族整族帮扶三年行动计划的实施意见》，成立了统筹协调领导小组，并启动独龙江乡整乡推

进独龙族整族帮扶项目，计划用3～5年时间，总投资约10亿元，实施"安居温饱、基础设施、产业发展、社会事业发展、素质提高、生态环境保护与建设"六大工程。目前，全省已累计安排投入各类帮扶资金7亿多万元，帮扶工作取得阶段性成果。在云南省委、省政府启动独龙江乡整乡推进、独龙族整族帮扶项目后，高德荣出任州委独龙江乡帮扶领导小组副组长。2012年，他从州人大常委会副主任岗位上卸任后，时年58岁的他，仍任"州委独龙江帮扶领导小组副组长"，在各级党委、政府的帮助下，高德荣与独龙江乡群众一起共同努力，项目推进顺利。

作为全国唯一的独龙族聚居区，独龙江乡由于自然的原因，直到1999年才修通简易公路，但每年有半年大雪封山的困难仍未解决。为了让独龙族和其他55个民族一道共同奔小康，作为党培养的独龙族优秀老干部高德荣，跑昆明、上北京，不遗余力地奔走呼吁，争取扶贫项目的支持。他常说："独龙族是祖国大家庭里不可

或缺的一员，再不加快发展步伐，独龙族脱贫致富就会很难实现，就会拖其他民族一道迈进小康社会的后腿。"

交通"口袋底"不仅是怒江州发展的瓶颈，也是贡山县发展路上的绊脚石。高德荣当县长期间，他与县委、县政府领导班子提出了"东进西出、南下北上"的贡山交通发展战略。根据这个战略，他们率先提出了在怒江境内（贡山）建设机场，后来上升到州级层面推动，并为滇藏新通道建设、独龙江乡公路改建工程、贡山至迪庆州德钦县公路的实质性进展做了大量卓有成效的工作。这些工程中有的建设已是进入收尾阶段。这些项目的实施，为贡山乃至怒江州跨越发展奠定了坚实基础。

高德荣对独龙江乡境内的任何一项工程进展情况都了如指掌，施工队负责人对"老县长"既怕又爱。怕的是老县长不像一般领导坐在办公室指挥，而是亲临亲为，工程问题不要想蒙混过关；爱的是老县长把这些农民工装在心里。

"我们驻扎了3年，老县长每年春节都带人来慰问。我们在其他地方也干过工程，但这样温暖的关怀只有在独龙江才感受强烈。"独龙江乡公路高黎贡山隧道二标段项目负责人周勇对老县长充满了感激。

独龙江乡公路改建工程全长79公里，比原有公路里程缩短16公里，其中6.68公里特长隧道穿越高黎贡山。现在，这条公路面硬化基本完成，路基工程质量较好，道路宽达4.5米，部分会车路段达6米宽。

为了深情的执着，年近六旬的高德荣不顾年岁已高，继续驻扎在独龙江河谷，跑工地、进农家，争分夺秒，全力以赴督战独龙江帮扶各项目工程的收尾和巩固提升工作。

高德荣说：要发展产业才能提高独龙族群众的自身发展能力，根据独龙江自然气候特点，高德荣亲自示范种草果、养中蜂，带领独龙族群众发展生物产业。现在当地部分群众已从中获益而脱贫。

"老县长养蜂比我养得好，他干什么都喜欢琢磨和研究，你看他的蜂箱制作技艺和摆放位置都高我们一筹。"巴坡村委会木拉当小组村民木林功是当地有点名气的养蜂人，他家有80多桶蜂箱，但平常只有60%有蜜蜂进洞筑巢，蜂箱数量不少，但产量不高的问题，一直困扰着木林功。这也是其他养殖户普遍遇到的情况。

"按目前的市场价格，平均一箱蜂蜜能卖400元，如果一家人养了50箱蜂就能有2万元的收入。"高德荣算了这样一笔账后，4年

前就带头养殖中蜂，并留意中蜂生活习性，不到几年他的中蜂"存桶"率就高达80%。现在，他每碰到一个独龙族中蜂养殖户都把自己的经验传授给他们。目前，全乡共养殖中蜂达13 000多箱，很多群众都从中得到很大的收益。

"独龙江乡的草果种植业发展，也是高老县长带的头。"独龙江乡党委书记和国雄说，早在2007年高德荣同志就邀请专家开始探索草果种植，并率先示范种植。目前，独龙江乡累计种植草果32 000亩。2012年全乡草果收成达到80吨，农民收入近53万元。巴坡村委会拉娃夺村民小组的王文强家2013年草果收获1 020公斤，收入6 000多元。此外，在高德荣的带领下，全乡还种植花椒8 700亩、核桃

1 000亩、董棕650亩，发展蔬菜大棚17个，并已扶持40户发展独龙鸡和生猪养殖，发展生猪养殖107头，投放独龙鸡种鸡2 500只，投放独龙牛300头。

向高德荣同志学习　做好新时期的扶贫干部

扶贫干部联系贫困群众最直接、最深入、最广泛，其工作水平和成效不仅仅代表着扶贫部门，更代表着党和政府在群众中的形象。因此，我们必须向高德荣同志学习，以更严格的标准和更高的要求规范自身的言行，既要从行动上立查立改、建章立制、保障落实，更要从思想上加强教育、根除根源、防患未然，力戒"四风"、树立"三感"，提高"三力"，凝练扶贫精神、提升扶贫形象、推进扶贫工作，当好新时期的扶贫干部。

作为扶贫系统的党员领导干部，必须发扬党的优良传统，加强理论学习，减少文山会海，不搞花拳绣腿，做到知行统一，雪中送炭，成为真抓实干的表率。像高德荣同志一样争做真抓实干务实的人。

作为扶贫系统的党员领导干部，要自觉把加强党性修养锻炼作为立身做人、为官修德的重中之重，坚定共产主义理想信念，时刻牢记"两个务必"，时刻严格要求自己，认真履行职责，严格遵守党的政治纪律和组织纪律，防微杜渐，警钟长鸣，安于清贫，甘于奉献，慎独自我，成为坚守信念的表率。我们要学习高德荣同志时刻牢记自己的身份和肩负的使命，切实筑牢思想防线，坚决抵制官僚主义的侵蚀，成为践行宗旨的表率，争做践行宗旨最坚定的人。

坚持不懈地抓好新阶段扶贫开发，让贫困地区群众同步奔小康、共享现代化，是时代赋予我们的神圣使命，作为扶贫系统的党员领导干部，要切实增强做好扶贫工作的光荣感、使命感、责任感，任何时候都不能动摇坚定远大的共产主义理想和中国特色社会主义的信念，脚踏实地地为实现党的纲领而不懈努力，扎扎实实地做好本职工作，成为服务贫困群众的表率。像高德荣同志一样，力戒享乐主义，争做坚守信念最忠诚的人。

始终坚持和弘扬艰苦奋斗精神，追求高尚的生活情趣，崇俭戒奢，认真落实《廉政准则》和云南省委出台的"四项制度"。向高德荣同志学习，坚决克服各种消极懈怠的思想和行为，力戒奢靡之风，争做严守党纪国法最模范的人。

始终牢固树立马克思主义群众观，牢固树立全心全意为贫困地区贫困群众服务的宗旨意识，切实肩负起贫困地区与全国全省同步全面建成小康社会的历史使命，肩负起消除贫困、实现共同富裕的历史使命，进一步增强做好扶贫工作的光荣感、使命感、责任感，争做贫困群众最可信的人。

摆脱各种不合时宜的观念、做法、体制的束缚，立足实际、实事求是，开拓进取、勇于创新，进一步提高扶贫干部凝聚力、创造力、执行力，破解新难题，打造新亮点，打开新局面，实现新发展，争做开拓创新最有为的人。

一面闪光的镜子　一个红色的路标

云南日报报业集团党委书记、社长　徐体义

　　高德荣是云南省在党的群众路线教育实践活动中发掘和推介出来的又一个重大鲜活的典型。在率先采写和集中推出高德荣先进事迹中，我们收获的是心灵的洗礼、情感的升华、思想的启迪和行动的自觉。

发现高德荣这一先进典型
是党报自觉深入开展"走转改"活动的一个重大收获

　　真正有价值的新闻和典型，必定蕴传在基层一线和人民群众之中。作为新闻工作者，发现典型、挖掘典型、报道典型，就得把目光投向基层，把笔触伸向群众。党的群众路线教育实践活动开展以来，《云南日报》带头开展走基层、转作风、改文风系列活动，把群众观点和群众路线体现在新闻采编实践上。其中，"老县长"高德荣就是我们再度发现和追寻的一个厚实的落点。

　　高德荣的故事，其实早就在怒江峡谷流传着。《云南日报》很早就开始关注这位带有传奇色彩的独龙族全国人大代表，多年来长期跟踪报道着独龙江乡的发展变化。尤其是2013年以来，我们再度把目光聚焦到高德荣身上。4月，在"走转改"行动中，我们专门派出报道组，集中推出了一组反映高德荣事迹的系列报道。党的群众路线教育实践活动开展后，高德荣这位典型的独特价值越来越凸显出来。7月下旬，借云南报业集团党委班子成员到怒江州福贡县马吉乡扶贫联系点驻村调研之机，我又直接带领采访组深入怒江州独龙江乡，专程对高德荣进行了一番深度采访，精心写成一组具有一定水准并产生广泛影响的重头稿件。

采访报道高德荣，让我们感触颇深、收获良多。一是要用务实的作风去深入发现具有优良作风的先进典型。我们采访组深入独龙江，面对面、心贴心走近高德荣，与他一道走村串户、喝酒夜话、坦诚交流，通过体验式采访，真切地感受到了高德荣身上为民务实清廉的优良作风，采集到了丰富、鲜活、生动的第一手素材。二是要用清新的文风去生动表现具有个性色彩的先进典型。报道高德荣，我们自觉摆脱以往典型宣传简单化、概念化的定式，以清新自然的文风传达所见所闻所思，真实呈现高德荣的言行身影，通过选准小切口、讲好小故事，从不同侧面反映高德荣的个性特征，通过高德荣"生活在群众中让人充实，漂浮在官场上使人浮躁""官当得再大，如果自己的同胞还穷得衣服都穿不起，别人照样会笑话你""当干部、当领导的如果不务实，指挥棒就成了'搅屎棍'"等这样一些生动而深刻的话语，全面展现了一个可亲可信、可敬可学的高德荣。三是要用求真的精神去深度发掘具有独特价值的先进典型。典型推介的意义在于发掘其精神内涵、彰显其时代价值，我们所要着力生发和表现的，正是高德荣身上那种信念如山、深情似水的崇高品质，他几十年的不懈追求和执着坚守，都是为了成就一个非凡梦想：让乡里4 000多独龙族群众摆脱贫困跨越前行，他的一腔爱民情怀感人肺腑，一股人格力量撼人心魄。这样的深切感悟，让我们的几组报道找到了立意之魂、行文之本，从而着眼于他质朴而高尚的人生追求写出了重点通讯《一个独龙族干部的"中国梦"》，着笔于他一心为民、一生务实、一身清廉的共产党人本色，继而推出了另一篇重点通讯《独龙江畔一面镜》。

学习高德荣这一先进典型
是媒体开展马克思主义新闻观教育的一个有效载体

采访报道、学习宣传高德荣的过程，其实也是云南报业集团干部职工开展自我教育提高的过程。从高德荣身上，我们受到了一次深刻的理想信念教育，党的群众观点、群众路线教育，为我们正在深入开展的马克思主义新闻观教育，找到了一个鲜活有效的载体。

从2013年4月10日开始，《云南日报》在重要版面连续刊出了《老县长的爱民心》《老县长的急性子》《老县长的正能量》等反映高德荣事迹的系列报道，以及评论员文章《做群众路线的模范实践者》，引发了社会的广泛关注。8月2日，深入采访、精心谋篇的通讯《一个独龙族干部的"中国梦"》在《云南日报》头版头条刊出后，在全省上下引起了强烈反响。

云南省委书记秦光荣同志当天在报道上作出重要批示："看了'老县长'高德荣同志的事迹，深受感染、深受感动、深受教育。高德荣同志是我省党员干部的优秀代表，他理想信念坚定，始终怀着对党和人民的深厚感情，带头认真贯彻落实党的少数民族政策，带领群众一心一意跟党走，体现了共产党人的政治本色；他牢记为民服务宗旨，数十年如一日扎根偏远山区基层，全心全意为边疆民族同胞的脱贫致富和团结进步干实事、办好事，受到广大群众的衷心欢迎，体现了共产党人的公仆本色；他做人坦荡磊落、为官正直清廉，放弃享受更好的生活条件，把办公室搬到乡间地头，带领乡亲们艰苦奋斗，保持了共产党员的清廉本色。在他的身上模范地践行了为民务实清廉的要求，集中展示了高远、开放、包容和坚定、担当、务实的云南精神，是我们广泛深入开展党的群众路线教育实践活动的鲜活教材。全省各级领导干部都要以高德荣同志为镜子、为标杆、为榜样，扪心自省，查找差距，见贤思齐，进一步激发全省各族干部群众的积极性和创造性，为实现中华民族伟大复兴的中国梦而努力奋斗。"

秦光荣书记的批示，是对高德荣重大典型价值的精辟概括和充分肯定，也是对党报新闻宣传工作的有力指导和激励。在云南省委及时作出向高德荣同志学习的决定之后，《云南日报》迅速跟进，配合省委决定的发布配发了评论员文章，接着连续推出《一腔忠诚永葆政治本色》《一心为民永葆公仆本色》《一身正气永葆清廉本色》《一个民族干部的大爱情怀》等4篇系列重要评论。同时，开辟专栏对高德荣同志的先进典型事迹进行了图文并茂的拓展报道，不断深化提升典型的学习教育价值。此外，云南报业集团把开展向高德荣同志学习作为开展马克思主义新闻观教育、开展群众路线教育实践活动的重要载体，在写典型、讲典型、学典型的良好风尚中，使云南报业集团干部职工受到教育和激发。云南报业集团干部职工纷纷表示，要以宣传学习高德荣为契机，打好理论路线根底、群众观点根底、政策法规纪律根底、知识业务根底，以坚定的信念、精湛的业务、高尚的人格、正派的作风来立身立业，为党的新闻事业增光添彩。

宣传高德荣这一先进典型
是对全省开展群众路线教育实践活动的一个有力推动

在群众路线教育实践活动中，云南省委十分注重发挥典型的示范引领作用，在把杨善洲作为对照镜子和学习案例的同时，强调和要求我们不断发现和宣传新的典型。《云南日报》对高德荣典型事迹的率先报道，正当其时、适逢其需。刘维佳同志、赵金同志对进一步做好高德荣典型事迹的宣传多次提出具体要求，并亲自到独龙江调研考察。8月28日，秦光荣书记再次作出明确批示，要求将高德荣同志作为教育实践活动的典型推出。经中央媒体推荐，赵乐际等中央领导同志作出重要批示，要求将高德荣同志作为教育实践活动中的先进典型，在云南和全国予以宣传。10月14日，云南省委正式发出《关于开展向高德荣同志学习的决定》，要求广大党员干部向高德荣同志学习。

高德荣作为云南省党员干部的优秀代表，典型实在、鲜活可感、令人信服。他坚定的理想信念、对党忠诚的优秀政治品质、为民务实清廉的价值准则、把人生追求融入边疆民族同胞共筑中国梦的生动实践，他带头贯彻落实党的少数民族政策，数十年如一日扎根偏远山区基层，全心全意为边疆民族同胞脱贫致富的感人事例，爱党、爱国、爱家乡的赤子之心和鞠躬尽瘁、无私奉献的公仆情怀，始终与人民群众心连心、共患难的政治本色，激发了各族干部群众团结奋斗、干事创业的精气神，成为党员干部扎实开展群众路线教育实践的鲜活教材。《云南日报》对高德荣典型事迹的有效报道和集中宣传，为深入开展党的群众路线教育实践活动营造了良好氛围，提供了有力的支持，起到了有力的推动作用。

11月21日，高德荣先进事迹报告会在昆明举行，秦光荣书记亲切看望报告团全体成员，盛赞高德荣为独龙族群众争了光，为怒江人民争了光，也为全省人民争了光。能够及时有效地为党的群众路线教育实践活动推出一个过硬的重大典型，无疑是党报的光荣，更是我们应尽的责任。

推介高德荣这一先进典型
是提升主流媒体舆论引导水平和传播力的一个创新举措

典型宣传是党报发挥舆论引领优势和作用的一个重要领域，也是亟待加强和创新的一个重要板块。在对高德荣的采访报道中，《云南日报》进行了精心的策划，对时机把握、报道规模、价值认知、表现手法、传播互动等方面，进行了系统细致深入的研究，力求在报道的理念上有新认识、传播效果上有新突破。

一是注重从群众的评价来准确把握典型。通过群众心声、基层反映来探寻高德荣的威望和影响从何而来，为典型的塑造和宣传找到坚实的根基。二是注重从点滴细节入手生动刻画典型。通过真实的细节、感人的故事凸现人物个性，使其有血有肉、鲜活生动、富有感染力。三是注重从采访对象的言行来深度透视典型。透过高德荣"生活在群众中让人充实""我首先是一名共产党员，然后才是一个独龙族干部""干部是用身影指挥人，不是用声音指挥人""与其花时间打扮自己，不如多留点精力打扮家乡"等质朴无华的话语，感悟他的一片爱民之心，一个共产党员的精神追求，提炼典型身上折射的时代精神。四是注重在媒体互动中立体推介典

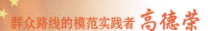

型。我们动员整合云南报业集团所有报刊网站，发挥融合互动优势，使高德荣事迹的报道宣传做出了声势、深度和特色，让高德荣的典型形象更加熠熠生辉、深入人心。

高德荣这一典型，具有鲜明的时代特征、民族特色、个性特质和推广价值。10月25日至28日，由中央党的群众路线教育实践活动领导小组办公室组织，《人民日报》、新华社、《光明日报》、中央人民广播电台、中央电视台、《经济日报》等中央媒体记者组成的采访团，深入怒江傈僳族自治州和贡山独龙族怒族自治县独龙江乡，体验式采访高德荣同志的先进事迹，《云南日报》为中央媒体的顺利采访提供了翔实的资料，给予积极主动的配合。采访团采写的报道通过多种媒介渠道在更广的范围内传播，进一步拓展了高德荣先进典型事迹的报道维度和影响范围，引起了更大的关注和共鸣，一个在全国都立得起、叫得响的典型呼之欲出。

走近高德荣、报道高德荣、宣传高德荣、学习高德荣，让我们又发现了一个重大的典型，找到了又一面闪光的镜子，立起了又一个红色的路标。"心比高黎贡山高，情如独龙江水长。造福同胞此乃大德，献身民族实为殊荣。"这是我在采访结束时，送给高德荣这位独龙骄子的几句留言，饱含敬意、发自肺腑。我们由衷地感激高德荣，因为他给我们如同高黎贡山一样厚重、独龙江水一样深长的弥足珍贵的精神滋养，正是这位矮小朴实的"老县长"，真真切切、实实在在地告诉我们，追求和实现美好梦想的路到底该怎样走。

向高德荣同志学习
努力办好人民满意的教育

云南省委高校工委副书记　陶晴

　　高德荣同志参加工作以来，始终牢牢坚守共产党人的理想信念，模范实践群众路线，心系百姓，扎根基层，一心为群众谋利益、谋发展。他长期与群众同呼吸、共命运、从关怀一家一户群众生活冷暖的积极奔走到引领全乡、全县发展大计的身体力行、从心系独龙族儿女生存的艰难到关切同胞乡亲美好未来的长远谋划，全心全意帮助群众解决实际问题，从而赢得了广大人民群众的敬重和爱戴，是云岭大地继杨善洲等模范人物之后孕育出的又一个楷模，是党的群众路线的模范实践者，是广大党员干部学习的榜样。

　　云南省委高校工委、教育厅学习贯彻党的十八届三中全会和省九届七次全会精神，深入开展党的群众路线教育实践活动，以高德荣先进事迹为楷模，切实改进工作作风、密切联系群众，立德树人，全面深化教育领域综合改革，大力推进社会主义核心价值观体系教育，大力加强大学生思想政治工作建设，大力加强和改进"校风、教风、学风"建设，提升学校文化，为云南经济社会发展提供强大的人才保障和智力支撑。

以高德荣精神为源泉　全面深化教育领域综合改革

深化教育领域综合改革，核心目的是"解决好人民最关心、最直接、最现实的利益问题，努力为社会提供多样化服务，更好地满足人民需求"。高德荣同志模范践行全心全意为人民服务的宗旨，用自己的具体行动回答了一个共产党员入党为了什么、当干部干些什么、给家乡人留点什么的问题。贯彻习近平总书记系列讲话精神，努力办好人民满意教育，就要突出以促进教育公平、提高教育质量为主线，以改进政府教育管理方式、释放学校办学活力、构建全民终身学习体系为重点，进一步激发各方支持教育改革的积极性，完善中国特色社会主义现代教育体系，努力满足广大人民群众不断增长的多样化教育需求，为全面建成小康社会、加快推进社会主义现代化、实现中华民族伟大复兴的中国梦奠定坚实基础。

以高德荣精神为动力　奋力推进社会主义核心价值体系教育

中共中央《关于全面深化改革若干重大问题的决定》提出，要"全面贯彻党的教育方针，坚持立德树人，加强社会主义核心价值体系教育，完善中华优秀传统文化教育，形成爱学习、爱劳动、爱祖国活动的有效形式和长效机制，增强学生社会责任感、创新精神、实践能力"。高德荣同志脚踏实地，埋头苦干，把中国共产党人的奉献精神呈现给世人，高耸起一座共产党人品德境界的丰碑。坚持立德树人，就要把社会主义核心价值体系融入国民教育全过程，把德育渗透于教育教学的各个环节，贯穿于学校教育、家庭教育和社会教育的各方面；就必须坚持育人为本、德育为先、能力为重、全面发展的核心理念，根据时代要求和青少年儿童身心发展规律，探索切实可行的立德树人模式。其中，要着力开展以爱学习、爱劳动、爱祖国为核心的"三爱"教育，将之作为新形势下践行立德树人历史使命的一项极其重要的活动。新时期加强教育系统社会主义核心价值体系教育，切实推进"三爱"教育扎实开展，需要用高德荣精神办学育人、教书育人，更需要用高德荣精神锤炼学生的意志品德，教育学生爱党爱国，立身做人，立志成才，立业为民。我们将更加重视从教育制度和教学环节入手，形成"三爱"活动的有效形式和长效机制帮助和促进青少年打牢思想基础、砥砺高尚品德、养成优良行为，增强学生的社会责任感、创新精神和实践能力。

以高德荣精神为活力　加强大学生思想政治工作建设

高德荣同志38年来心系百姓、扎根基层，默默无闻、不求回报，是因为他始终坚守共产党人的精神家园，践行党的群众路线，是因为他对党有赤胆忠心，对群众有深情厚谊，对人民有满腔热情；是因为他牢记党的宗旨，始终坚持共产党人的理想信念，把全部身心投入到了党和人民的事业中。大学生是祖国未来发展的生力军，我们将以此次在全省上下深入学习高德荣精神为契机，通过多种途径，采取各种形式，在大学生群体中深入开展党的基本理论、基本路线、基本纲领和基本经验教育，深入开展中国革命、建设和改革的历史教育和国情教育，引导广大师生正确认识社会发展规律，正确认识国家的前途和命运，树立正确的世界观、人生观和价值观，不断坚定建设中国特色社会主义的理想信念。根据国内外形势的变化和大学生成长成才的要求，进一步加强高校"形势与政策"教育教学工作，进一步弘扬和培育爱国爱家、团结勤奋、艰苦奋斗的民族精神，利用一些振奋民族精神的重大节庆日、重大事件，组织大学生参与相应的社会实践活动，引导和激励学生坚定信念、树立理想、志在四方。

以高德荣精神为典范　提升学校文化软实力

高德荣同志无论是在位还是不在位，都注重把共产党人的精神内化作自己的思想品德，都突显了中国共产党人的蓬勃朝气、昂扬锐气和浩然正气。向高德荣同志学习，就要加强校风教风和学风建设，增强教书育人的荣誉感和责任感，全面实施素质教育，具有联系云南精神特质的鲜活性和先进性开展校园文化活动。千里之行始于足下，只有从一点一滴做起，只有像高德荣一样求真务实、全身心地投入工作，教育事业的根基才会牢固，办人民满意的教育才有实现的可能。要围绕立德树人根本任务，全面贯彻党的教育方针，以踏石留印、抓铁有痕的力度，全面加强学校校风建设、教师队伍建设和学风建设，全面提升学校文化软实力。加强校风建设，建设以师生为主体，具有社会主义特点、时代特征、学校特色，地域性、民族性、开放性相统一的学校文化，形成科学精神和人文精神相融合的学校精神，感染和激发全体教职员工、学生为学校的建设发展和人生出彩而努力奋斗；加强教师队伍建设，引导广大教育工作者忠于党和国家的教育事业，认真履职，以高尚师德、人格魅力、学识风范教育感染学生，做学生健康成长的指导者和引路人；加强学风建设，教育引导广大青年学生坚定理想信念，自觉践行社会主义核心价值体系，志存高远，勤奋学习，成长成才，勇于担负起国家、民族赋予当代青年学子的期望和重托，在服务人民、奉献社会、报效祖国中实现自己人生的价值。

以高德荣精神为引领　为实现中国梦而努力奋斗

高德荣同志作为一名领导干部，无论生活环境、工作条件和工作岗位发生怎样的变化，始终坚持党的群众观点和群众路线，始终保持全心全意为人民服务的宗旨意识，带着对群众沉甸甸的责任、带着对群众的敬畏之心和深厚感情，把发展好、维护好、实现好群众的利益作为人生追求，毫不懈怠地为群众排忧解难，办实事、办好事，把全身心精力献给了党和人民的事业。一个理念，一种精神，能够在平凡中坚持，在卓越中传承，鲜明地体现了高德荣精神的朴实与崇高。这是从大山深处释放的崇高品德，这是从领导干部身上凝聚的榜样力量，可亲可敬可学可行。守望大山的朴实情怀，无私奉献的精神境界，就是高德荣同志的大爱守护。推动云南科学发展、和谐发展、跨越发展，关键在跨越，重点在加快，支撑在教育。云南教育发展的战略目标是 "基本实现教育现代化，基本形成学习型社会，力争进入人力资源强省行列，使云南各族人民与全国一道共同享受教育改革成果，云南教育与全国教育共同发展，使云南孩子与全国孩子共同成长。"向高德荣同志学习，就要始终把提高质量作为教育改革和发展的核心任务，树立以提高质量为核心的教育发展观，坚持规模与质量的统一，注重教育内涵发展，在促进学生立德树人、能力为重、全面发展上勇于传承创新。

发扬高德荣同志的"钉子"精神
不断改善怒江的交通条件

云南省交通运输厅党组副书记、副厅长　张长生

　　高德荣同志是云南省在深入开展党的群众路线教育实践活动中涌现出的重大先进典型。他的先进事迹朴实清新，可敬可学，是全省党员干部的一面镜子，也是全省交通运输干部职工学习的楷模。

　　长期以来，高德荣同志爱党爱国爱家乡爱民族，扎根基层，视群众为亲人，时刻把群众的冷暖放在心上，努力为独龙江乡各族群众建房、修路架桥、发展特色产业。用公路交通职工的话说，在高

德荣同志身上，充分体现了一种"铺路石"精神。

从20世纪90年代开始，当时的交通部、云南省交通厅就把怒江确定为开展交通扶贫的重要战场，轮流派遣干部到怒江挂职，并在项目、资金等方面给予积极支持，勇当推进怒江整体扶贫的开路先锋。

1999年9月，经过历时4年的艰苦奋战，独龙江乡公路实现土路通车，缩短了进出独龙江乡的时间，改善了独龙江乡各族人民的生活，结束了我国最后一个少数民族地区不通公路的历史。

但是，当时以乡村公路标准建设的独龙江乡公路抗灾能力极弱，保通费用极高，远远超过了当地政府的承受能力，且只能保证季节性维持、小货车间断通行。特别是高黎贡山黑普坡罗隧道两端各约12公里，每年有半年左右的时间大雪封山，道路无法通行，给独龙江人民的生产生活带来极大的困难，高德荣同志为此曾数次到省、州交通部门作过反映。

2008年7月，高德荣同志率领贡山县政府领导到云南省交通厅汇报工作，专门用照片向交通厅领导展示了独龙江乡村公路雨雪季节行路难的种种困难，并要求给予解决购置保通独龙江乡村公路专用装载机一台的经费支持，引起了交通厅党组的重视。同年9月，省交通厅下发批复并一次性给予贡山县独龙江乡村公路专项保通经费30万元，用于购置保通独龙江乡村公路专用装载机等支出。

但彻底解决独龙族群众行路难问题，始终是云南省交通运输厅党组和广大交通职工的一块心病。2011年1月29日，在党中央、国务院和交通运输部、云南省委省政府的关心下，独龙江乡公路改建工程开工。通过3年多的持续奋战，2013年12月，独龙江公路改建工程施工进入冲刺阶段，控制性工程独龙江乡隧道已累计掘进超过6 000

米，占总长的92%，进入了最后600米的施工。

在独龙江乡公路改建工程启动以来，高德荣同志不但亲自过问、协调和帮助解决独龙江乡公路改建工程及独龙江乡公路管理所建设用地等相关事宜，并经常与工程建设指挥部领导联系，了解和关心独龙江乡公路改建工程的进展情况。同时，为鼓励独龙江乡公路改建工程参建人员，高德荣同志坚持在每年的"八一"建军节和春节，与乡党委政府的领导亲自到独龙江公路隧道施工现场看望慰问负责承建工作的武警官兵和筑路工人，表达独龙族人民对独龙江乡公路建设的关心和支持，为独龙江乡公路建设创造了一个良好的外部环境。独龙江乡公路改建工程建设指挥部的干部职工认为，独龙江乡公路改建工程施工难度大，可以说并不亚于进藏公路，但工程建设总体上仍在按计划推进，特别是独龙江乡公路隧道有望在2014年3月底贯通，这极为不容易，除了各参建单位立下的汗马功劳外，这与贡山县委、县政府的支持分不开，更与"老县长"高德荣同志密不可分。

"金碑银碑不如群众的口碑"。38年来，高德荣同志始终保持着共产党人为民务实清廉的政治本色，把自己的根牢牢扎在群众之中，他不管走到哪里，始终把群众的冷暖疾苦挂在心上，竭尽所能为群众办实事、做好事，用实际行动贯彻党的群众路线、实践着党的宗旨，为广大党员干部树立了标杆。当前，云南省交通运输厅党的群众路线教育实践活动进入收尾阶段，但我们相信，高德荣同志先进事迹带给云南省交通职工的感染和影响将是长期的、深刻的，学习宣传高德荣同志先进事迹将为推动全省交通运输新一轮跨越发展带来强劲的正能量。

做人的榜样　为官的楷模

云南省委组织部研究室　杨建宇

　　学习了高德荣同志的先进事迹，我感慨不已，这样的先进是一种精神，更是一种力量。作为一名党员我对高德荣同志的这种精神充满了敬意。同时，在脑海中也浮现了对自身无数的反思，明白了面对工作、面对群众，必须拥有老县长的那份执着、那份善良和那份责任。

　　"如果你到过独龙江乡，可能一转弯就能碰上他；如果在山道上遇见，谁也不会多看他一眼。但我并不失望，因为他让我重新审视了人生：一个人的高大，真不在身材或者着装。"这是独龙江乡、怒江沿岸流传着的一首诗，这首诗写出了当地群众对这位老县长的敬重，生动地向世人诠释了一名共产党人38年如一日对理想信念的坚守。今天，在这繁华的城市中，有多少人愿意放弃安逸的生活，把"办公室"搬到塌方、滑坡、滚石不断，经常暴雪导致电力、交通、通信中断，且离州府300多公里外的独龙江边，搬到田间地头、施工现场、火塘边？可是就是有这样一位老县长数十年如一日，坚守着自己的梦想，坚守着共产党员的精神家园，用自己的行动诠释了生命的意义，用自己的实践兑现了对党和人民的承诺。

　　学习老县长，最让人敬佩的是他以一生无悔的执着追求、一腔忠诚的政治品质，展现了优秀共产党员大公无私、淡泊名利的高尚情操。风华正茂之时，他放弃怒江师范学校的留校工作，回到独龙江乡成为一名乡村教师；当选州人大常委会副主任后，他主动请缨回到独龙江乡抓扶贫开发。从独龙江乡来，回独龙江乡去，他矢志不渝地追求和坚守，充分彰显了一名优秀共产党员坚定的理想信念和对党无限忠诚的政治品质。"生活在群众中让人充实，漂浮在官场上使人浮躁"……质朴的语言背后，是老县长坚守在独龙江边，坚持与群众同甘共苦的身影。他扎根于群众之间，踏实做人、务实做事，不徇私情、不谋私利，用实际行动践行着党的群众路线。对于新时期的党员干部特别是组工干部而言，讲忠诚就是讲党性，就是讲原则，不能谈条件，不能图回报，只有带着坚定的理想信念一往无前，从点滴做起，立足岗位，端正心态，勤勉敬业，只有树立强烈的事业心和责任感，在工作中做到埋头苦干、求真务实、严谨细致、争创一流，才能在自己的工作岗位上做出新的更大的成绩。

学习老县长，最让人难忘的是他以坚守一线的务实精神、一心为民的公仆本色，树立起党员干部可亲可敬的良好形象。无论在什么岗位上他都与乡土、乡亲贴得很近，永远把群众放在心中最高的位置。他的足迹踏遍独龙江的山山水水，与群众亲如一家；他长年"在车轮上办公"，工作节奏快到要带两个司机、准备两条备胎；他教群众养蜂，带头种植草果，这些无声的行为胜过有声的语言，将他和群众紧紧连在一起。他几十年倾心尽力干着一件天大的事，那就是让4 000多名独龙族同胞尽快摆脱贫困奔向小康。他奔走于高黎贡山的凛冽风雪，穿越过滔滔怒江的激流险阻，把人生的追求和奋斗，全部融入边疆各族人民构筑中国梦的生动实践中。"干部也是老百姓，干部的概念就是带领群众一起干活，干出活路来"，一句如山泉般清冽透亮的话语，展示出一个少数民族党员干部的质朴情怀，诠释了他以家乡发展和百姓幸福为己任的全部奥秘。老县长这种朴素而真挚的情感、深刻而实在的实践，引领我们要以一种钉子的精神，恪尽职守，谨记自己身上的责任，努力提高自身综合素质，用自己的言行去影响我们身边的党员群众，讲实话、办实事、求实效，不论在什么岗位上，始终将群众装在心上，为群众脱贫致富奔小康多找路子、多想办法、多做实事。

学习老县长，最让人震撼的是他以身作则的人格魅力、一身正气的清廉本色，在百姓心中树立了极高的威望，赢得了群众的爱戴和信任。他为群众的"正门"总是敞开的，但为自己、为亲朋的"后门"却关得紧紧的，他身在其位，却从未为家人谋过一丝福利。儿子高黎明毕业回贡山考公务员，连考3年才考上，到昆明拍婚纱照，连搭顺风车的请求都不敢提；女儿高迎春结婚，老县长早早就下了"命令"，不许以他的名义邀请县以上干部；一件寻常衣服一穿十几年，一块普通手表一戴几十年，深入基层只要有个火塘就能安然而卧，他勤勤恳恳忙碌了30多年，变化的是岗位职责，变化的是独龙江乡和乡亲们的进步发展，不变的却是一身正气和对原则底线的始终坚守。这身正气教育我们在任何情况下，都要稳得住心神、管得住行为、守得住清白，只有坚决克服形式主义、官僚主义、享乐主义和奢靡之风；坚持严于律己、克己奉公，自觉接受群众监督；坚持"两个务必"，做到艰苦奋斗、勤俭办事；坚持自重、自省、自警、自律，才能始终保持共产党人的蓬勃朝气、昂扬锐气、浩然正气。

学习老县长，最让人动容的是他以勇于担当的奉献精神、宽广无私的大爱情怀，在独龙江畔树起了一座不朽的丰碑。他怀一颗仁爱之心，在任何处境下仍然不忘为他人，有人到独龙江乡来看望老县长，送来的慰问金，他通知乡上财务拿走，用于帮扶困难群众；送来的慰问品，他喊来乡村干部群众当场分掉。他为广大人民群众无私付出而不求回报，不是在下面带领群众架桥修路、发展产业，就是到上级部门争取项目和资金，忙到连儿女都很难见到他。他根据独龙江自然气候特点，亲自带领群众在密林深处套种草果、花椒、重楼等，发展中蜂养殖。他多年如一日驻守在工作条件极其艰苦的独龙江乡苦干实干，尽心竭力投入独龙江乡的帮扶建设，为教育奔波、为环保呼吁、为民生解难，办成了一件又一件实事、好事和大事……这一切都诠释了老县长的大爱与无私，诠释了"高原情怀、大山品质"云南精神的深刻内涵，将不断鞭策着我们胸怀为民之义、亲民之心，践行助民之实、利民之举，在工作中少一点抱怨、少一点计较，多做多学多付出，做一名不计名利得失，不计荣辱进退，无私奉献、一身正气的好党员。

高德荣同志是做人的榜样、为官的楷模，他的精神值得我们每一个人学习。以人为镜，可以明得失。在当前党的群众路线教育实践活动如火如荼之时，高德荣同志用实际行动向大家诠释了群众路线的深刻含义和本质要求。作为新时期的一名组工干部，我们要把他的精神内化于心，外化于行，努力做到把人生追求融入党和人民的事业，融入各族人民构筑中国梦的生动实践，讲党性、重品行、做表率，争做群众路线的模范践行者！

学习高德荣"三摆高"与"三放低" 做党放心群众满意的优秀青年干部

共青团云南省委组织部部长　和爱红

按照云南省委的指示精神，团省委紧密结合当前开展党的群众路线教育实践活动，把学习高德荣先进事迹作为强化党性的榜样、对照检查的镜子、推动工作的动力，切实做到思想有触动、作风有带动、落实有行动。向高德荣同志学习，就是要学习他三个"摆得高"、三个"放得低"。

理想信念摆得高　个人利益放得低

高德荣说过："没有党的培养，你什么都不是，不能当一点官就自以为是。" 这句朴实的话语，体现出了高德荣的坚定信念。他自始至终将理想信念摆在最高位置，而在个人利益面前，两次主动放弃在条件较优越的州府工作，回到独龙江乡与当地干部群众艰苦奋斗、攻克难关，带领独龙族群众脱贫致富。

共青团作为党领导下的先进青年群众组织，高举中国特色社会主义伟大旗帜，坚定跟党走中国特色社会主义道路的理想信念，是共青团组织现阶段的基本任务。在学习活动中，团省委紧紧围绕

249

"牢固树立中国梦的远大理想，牢固确立中国特色社会主义的人生信念"的主题，广泛开展"我的中国梦""云南精神""云南青年志在四方"等主题教育实践活动，切实用中国特色社会主义理论武装团员青年头脑，用习近平总书记一系列重要讲话精神教育引导团员青年，学习高德荣理想信念坚定、对党忠诚的政治品质。通过深入学习领会党的十八大、十八届三中全会、团十七大、省第九次党代会、省委工青妇工作会议精神，把广大团员青年的理想信念真正统一到实现中华民族伟大复兴中国梦和谱写中国梦云南篇章上来。

理想指引人生方向，信念决定事业成败。没有理想信念，就会导致精神上"缺钙"。高德荣始终把理想信念摆得高，个人利益放得低，始终遵守党章，遵守党的纪律，牢记全心全意为人民服务的宗旨，坚定共产党员的理想信念，秉持共产党人的政治本色，坚守共产党人的精神家园。作为青年干部，就是要学习他理想信念坚定、对党忠诚的政治品质，不断在学习实践中囤满"精神食粮"，提高党性修养，坚定不移沿着中国特色社会主义道路奋力前行，矢志不渝地将青春投身于谱写中国梦云南篇章的历史进程中。作为青年干部，就是要学习他淡泊名利、扎根基层、无私奉献，从不计较个人的得失，始终服从于大局、服务于大局的高尚品格，要以高德荣同志为标杆，时刻量一量自己"把什么放高了、把什么放低了"。

群众位置摆得高　做事身段放得低

高德荣说过："我们当干部、当领导的能不能走群众路线，首先看对群众有没有割不断的实实在在的感情。"他多年来始终都与乡土、乡亲贴得很近，一贯的工作作风就是办公室在田间地头、在施工现场、在百姓火塘边，经常深入基层、深入群众、了解民情、掌握民意、解决民忧。展现着一名坚持群众路线的党员干部在老百姓心目中的高大形象，他一次又一次实践着自己说的那句话："对一个领导来说，自己的私事再大也是小事，群众的事再小也是大事。"

共青团组织是党联系青年的桥梁和纽带，巩固和扩大党执政的青年群众基础，为党做好新形势下的青年群众工作，是共青团的根本职责。在学习活动中，团省委深入开展"走进青年、转变作风、改进工作"大调研、全省基层团干部专题培训、"云南青年五四奖章"获得者走进插甸、"青年马克思主义者培养工程"培训学员走进善洲林场等活动，实施团的机关干部随机调研联系青年制度，充分运用团属网络、QQ群、微信等新媒体手段，深入联系群众、联系青年，在党的群众路线教育实践活动中广泛听意见、找不足，认真查摆问题、切实整改落实。真正把基层一线作为锻炼青年的阵地，把基层干部群众作为教育青年的老师，把艰苦环境作为培养青年的摇篮。

要做群众的先生，先做群众的学生。要放下架子，甘当小学生，多同群众交朋友，多向群众请教，才能把群众工作做实、做深、做细、做透。高德荣始终把群众位置摆得高，做事身段放得低，始终保持着为民务实清廉的价值追求，爱党、爱国、爱乡的赤子之心和鞠躬尽瘁、无私奉献的公仆情怀。作为青年干部，要学习他无论生活环境、工作条件和工作岗位发生怎样的变化，始终坚持党的群众观点和群众路线，带着对群众沉甸甸的责任、带着对群众的敬畏之心和深厚感情，把发展好、维护好、实现好群众的利益作为人生追求，毫不懈怠地为群众排忧解难，办实事、办好事。作为青年干部，在党的群众路线教育实践活动中，就是要以高德荣同志为镜子，经常照照自己，群众在自己心目中的地位是不是放得够了？自己做事的身段是不是放得够了？

发展意识摆得高　物质享受放得低

高德荣说过："官当得再大，如果自己的同胞还穷得衣服都穿不起，别人照样会笑话你。我只想为独龙族群众发展进步多找点路子、多想点办法，让独龙族在小康路上永不掉队。"多年来，无论在任何岗位上，他坚持不懈"心怀民族梦、勤送致富经"，为教育奔波、为环保呼吁、为民生解难、为发展谋划。然而，高德荣在县城的家，安置在一幢已经建了20多年的旧楼里，40多平方米的屋子，屋里家具陈旧简陋，一年四季，他就爱穿两套衣服，脚上穿的就是一双一百来块的皮鞋。

共青团组织团结带领广大青年围绕中心，服务大局，在经济建设中发挥生力军和突击队作用，自力更生，艰苦创业，为全省经济社会发展做贡献，是共青团的首要任务。在学习活动中，团省委按照省委常委会提出的"群众工作对象是群众，重点是组织，活动是生命，工作在基层"的要求，坚持基层导向和青年导向，以高德荣同志的先进事迹为动力，扎实推进"做好事做善事做志愿者"集中志愿服务活动、"新云南新青年·奋斗的青春最美丽"主题微博活动、共青团希望水窖"1+X"公益活动、"最美青工"评选、青年就业创业等各项重点工作，真正把学习活动转化为工作成效，以工作成效对照开展党的群众路线教育实践活动的实效。紧紧围绕狠刹"四风"，着力解决团干部队伍中"飘、虚、懒、散、粗、怯、奢"等存在的作风问题，倡导团干部加班加点、废寝忘食、熬更守夜的学习和工作精神，倡导团干部以踏实干事的精神风貌和艰苦奋斗的优良作风推动事业的发展，实现人生的价值。

高德荣始终把独龙江乡发展摆得高，对自己的物质享受放得低，始终以独龙江乡的发展为己任，以独龙族的富裕为追求，生动诠释了"高原情怀、大山品质"云南精神的深刻内涵。作为青年干部，就要学习他在投身整乡推进帮扶攻坚中的奋发进取，培育支柱产业发展中的大胆探索，在促进民族团结进步中的积极实践，在全面提升民族同胞素质方面的良苦用心，实实在在地彰显共产党人的公仆本色。作为青年干部，就要像高德荣那样做人坦荡磊落、为官正直清廉、干事心系群众、生活艰苦朴素，牢固树立富民强滇的云南人民的中国梦的远大理想，坚定信念、志存高远，担当时代重任，创造青春业绩，做党放心、群众满意的优秀青年干部。

向高德荣同志学习
争做民族团结进步的模范

云南民族出版社社长 杨浩林

向高德荣同志学习
就是学习他像珍爱生命一样珍爱中国共产党和党的领导

2001年6月至2007年7月，根据组织安排，派我到贡山县政府挂职担任政府党组成员、县长助理。在1 000多个日日夜夜里，我得以在高德荣老县长身边工作，对这位具有传奇色彩的老县长也有了由远及近、由浅入深、由表及里的认识。其中，令我感受最深的，莫过于高德荣同志对党无限热爱、无限忠诚的赤子之情和赤子之爱。回溯高德荣同志的成长经历和心路历程，我们就会懂得，一个独龙族人民的儿子，何以从1979年至今一直在生他养他的那块土地上默默奉献与付出，不计回报，把自己完全地投入进去。答案诚如老县长的自述："我生在独龙江乡，根在独龙江乡，心在独龙江乡，乐在独龙江乡。独龙族人深深地知道，共产党对独龙族群众的恩情比天高、比海深！"细心的同志都会发现，老县长的外衣上总是别着一枚国徽的胸章，压在老县长胸前的，是党的宗旨和人民的利益，而不是钱包或别的。记得2006年年底，在老县长的带领下，从独龙江乡政府驻地到孔当到马库的乡村公路得以提前畅通，在通车典礼上，一位缅甸木口嘎独龙族的保长率领30多名缅甸独龙族人带着两头独龙牛来感谢中国政府为他们修通了进入中国独龙江下游的公路。数九寒天中，30多名缅甸独龙族人高高低低地站成几排，用独龙语唱了一首歌，这首歌的名字叫《没有共产党就没有新中国》，令老县长和在场的所有人无不为之动容。至此，你有理由感慨：中国共产党真伟大啊！只有共产党才能让另外一个国度的人民用他们的歌声来礼赞共产党；只有共产党才能培养出焦裕禄、杨善洲、高德荣这样优秀的党员领导干部；只有共产党才能领导中国以一个漂亮的三级跳完成历史性的跨越发展；只有共产党才能创造性地解决好令其他国家为之困扰的民族问题，让56个民族56朵花绽放中华满园春。

向高德荣同志学习
就是要学习他像珍爱自由一样珍爱各民族的共同团结奋斗

云南省委书记秦光荣同志提出："在云南，不谋民族工作就不足以谋全局。"高德荣老县长始终把贡山县各民族的共同团结奋斗作为执政的第一要务，对党和政府的民族政策全面执行一以贯之，带头践行民族团结，带头维护民族团结，将贡山县各族人民的和谐团结视为政府工作的生命线和底线，视为出发点和归宿点。老县长深刻地认识到，民族工作是立足于统一的多民族国家这一基本国情确定的重要工作领域，是国家治理体系和治理能力的有机组成部分。只有中国特色社会主义，才能引领各民族、团结各民族、发展各民族。因此，老县长的所有决策都立足于确保贡山各民族人民的团结和谐，首先在干部培养提拔任用方面，老县长总是奉行"德才兼备、五湖四海"，力戒和反对拉山头，搞圈子，"用人唯亲""用人唯私"。在他任期内，政府班子成员中，唯有他一个人是独龙族，三任政府办主任没有一个独龙族同志，一直跟随他的驾驶员则是个藏族同胞；其次是在重大项目布局上总是先让其他的乡镇上，最后才让独龙江乡上；再次是牢固树立和践行"三个离不开"思想，和贡山县各民族同胞广交朋友，扎跟基层、扎根群众，视群众为亲人，与群众同吃、同住、同劳动，主动为群众办好事实事。正是由于高德荣老县长带头维护民族团结，像珍爱自由一样珍爱各民族的共同团结奋斗，为贡山县的经济和社会持续发展奠定了坚实的基础，为独龙族人民和怒族人民与全国各族人民一道建成小康社会提供了弥足珍贵的战略平台。他本人也因此荣获"第三届全国少数民族团结进步模范先进个人"，受到国务院的表彰。

向高德荣同志学习
就是要学习他像珍爱平等一样珍爱各民族的共同繁荣发展

2006年，高德荣老县长以高票当选怒江州人大常委会副主任，我和同事致电祝贺他，他却说："自己的民族都还没脱贫，自己的同胞都还在受穷，自己的官却越当越大，感到很惭愧。"继而，他就把办公室搬回了独龙江乡，他说："独龙族同胞还没有脱贫，我的办公室应该设在独龙江乡。"老县长深谙邓小平同志所说的"发展才是硬道理"这句名言的个中三昧，38年来他就像一枚钉子，钉在这片生于斯、长于斯的土地上，钉在最需要他的父老乡亲中，始终将发展作为解决贡山县经济社会发展滞后的必由之路和不二法门。2005年，为了加强民委工作，高德荣老县长将他的政府办主任丰卫祥同志调任民委主任，老县长带领我们到云南省民委汇报工作，得到时任省民委主任格桑顿珠同志的关心，下拨了120万元经费，支持我们在贡山县普拉底乡种植1万亩苹果、在茨开镇种植2 000亩苹果。当时，苹果在贡山鲜有人种，大家对项目的实施都抱有怀疑态度，老县长就顶着压力，鼓励我们大胆干，并让时任县政协主席的赵学煌同志发挥政协职能支持我们，终于，我们将12 000亩苹果基地建设如期完成了，事后，我们才知道，我们种一亩，老县长就在我们不知情的情况下去看一亩，直到12 000亩苹果全部种植完毕，为贡山县后来的苹果种植打下了坚实的基础，同时也为其后在独龙江乡种植苹果，开办"绿色银行"提供了有力支撑。为了贡山县3万多各族群众和全国人民一道步入小康社会，老县长始终紧紧抓住发展这一第一要务不放松，他说："教育上不去，发展就上不去，我们再不能生产文盲和穷人了。"因此，他大办教育，他知道，要致富得先修公路，在他和历届县委、县政府的努力下，独龙江乡公路不但修通了，等级还得到了提升，2013年，应该是独龙江乡大雪半年封山的最后一个年头。他还知道，怎样让老百姓的腰包鼓起来，所以他手把手教老百姓发展苹果、重楼、花椒、茶叶、核桃、养蜂等致富产业。2010年，云南省委、省政府决定投资10亿元，在独龙江乡实施安居房配套设施建设、基础设施配套、旅游特色小镇、社会事业完善、产业发展巩固、素质提升强化等六大工程，经过多年的自身发展和整乡推进整族帮扶工程的实施，独龙江乡的经济社会快速发展。2012年，全乡实现经济总收入480万元，农民人均收入1 610元。老县长的发展梦和致富梦正与中国梦融合到一起。

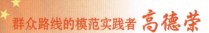

　　我很清楚地记得：多年以前，一个月白风清的夜晚，在独龙江边我对一个独龙族老乡说他好福气，可以享受这风月无边。他说，他恨有月亮的夜晚。我惊问为何，他说月亮一出来，独龙江里的鱼就看得见他的鱼钩了，钓不到鱼他就得饿肚子了。我想，现在，那位老乡该不会再恨有月亮的夜晚了吧。

　　我还曾很清楚地记得，20世纪90年代中期新华社原社长、兰考县县委书记焦裕禄的采访者穆青到迪庆采风。在碧塔海，我采访他，问他是怎样写出了焦裕禄的采访报道，他答：是焦裕禄塑造了他，而不是他塑造了焦裕禄。

　　许多年以后，我终于明白：在中国共产党面前，老县长没有自我，因为党的宗旨就是他的宗旨，党的路线方针政策就是他的路线方针政策。在人民群众面前，老县长没有自我，因为人民群众的根本利益就是他的根本利益。在老县长本人面前，他亦没有自我，因为他舍弃了"小我"，成就了"大我"。

学习高德荣同志的"钉子精神"
努力为民族地区发展进步做贡献

云南省民族中等专业学校校长　郭子孟

　　1999年至2000年我受省委组织部和省民委派遣，参加省委独龙江乡民族工作队，到怒江州贡山县独龙江乡工作近两年，任副书记、副队长，其间曾多次与时任贡山县人大主任的高德荣同志一起开展工作，共同为独龙族和独龙江乡的脱贫发展而奋斗，经历了许多令人难忘的事情。虽然已过13年，但高德荣同志的形象举止和为人做事的风格，依然历历在目，难以忘怀。现在，云南省委发出向高德荣同志学习的号召，意义重大，让我思绪万千，使我仿佛又回到了与高德荣同志一起艰苦奋斗的日子，想起了许多动人的故事，心情难以平静。

　　回顾与高德荣同志一起工作生活的经历，结合高德荣同志的先进事迹，我认为高德荣同志有以下几方面值得我们学习：

　　一是深厚的民族感情和群众感情。这种感情体现在一个"爱"字和一个"亲"字上。作为一名独龙族干部，他深深热爱自己的民族和家乡。虽然独龙族人口少、独龙江乡社会经济发展滞后，但他对独龙族充满了热爱，为自己是独龙族感到自豪与骄傲，对独龙江乡的发展进步始终充满信心与决心。他深深眷恋着独龙江乡这片养育着他和独龙族人民的土地。他有一句口头禅，经常说"我的独龙江乡，我的独龙族人"，听起来虽然有点狭隘，但充分体现了他对家乡对民族的深厚感情。同时他很有亲和力，与各族干部群众很"亲"，虽然身居州人大常委会副主任之职，本应住在州府大院，但因割舍不下对乡亲父老的亲情，而长期驻扎在贡山县城或独龙江乡村，经常与广大群众同吃同住同劳动，积极帮助群众解决困难与问题。

二是艰苦朴素、廉洁奉公的品质。高德荣同志出生在独龙江边，贫穷闭塞的环境，造就了他朴素善良和艰苦奋斗的品质。虽身为领导，但他生活简朴，为人正直，既平易近人，又乐于助人，能真正和群众打成一片，他公正无私、廉洁自律，从不讲特殊。

三是身先士卒、敢于担当的作风。高德荣同志具有强烈的事业心与责任感，无论在什么地方和什么岗位工作，都爱岗敬业、敢为人先。长期以来，他为了独龙族的振兴，为了贡山独龙江的发展，殚心竭力，奔走呼唤。在工作中他总是身先士卒、冲锋在前，遇到艰难险阻敢于担当，勇于负责。这方面有两件事最令我难忘：一件是送我们工作队进独龙江乡工作之事。1999年4月下旬，我们省委独龙江乡民族工作队26名队员进驻独龙江乡工作。当时独龙江乡公路还未修通，我们只能徒步3天翻越高黎贡山进入独龙江乡，时为贡山县人大主任的他，主动要求代表县里亲自送工作队进独龙江乡。在3天的长途跋涉中，他年纪虽大，但却身背沉重的行囊，走在队伍的最前面，既当开路先锋，又当乡情民俗的讲解员，一路上给大家讲了许多有趣的故事，让大家在谈笑风生中不知不觉穿越了无数高山河谷，走进了神奇美丽的独龙江乡，我自己更是走掉了两个脚趾甲都没感觉到。一路上，他总是无微不至地关心大家的安全、生活与健康，直至把我们26名队员安全送到乡村安顿好吃住并交接给乡村干部为止，从这件事可以看出他对独龙江工作的高度重视和认真负责。第二件是他率队上高黎贡山营救雪山遇险的工作队员之事。那是2000年1月15日，一个令我终生难忘的日子。当天中午，为了及时外出报送独龙江乡建设发展项目，向省里争取协调资金，我率6名工作队员由独龙江乡政府乘车赶往贡山县城。本来是个晴天，但天有不测风云，当我们驱车赶到高黎贡山半山腰时，突遇暴风雪，因道路积雪和公路坍塌，导致车辆无法行驶，只好弃车步行，我们冒着漫天大雪，在深过膝盖的雪路上行走。艰难步行10小时找到雪山上部公路隧道口时，已是凌晨4点，一行7人饥寒交迫，几乎冻僵饿晕，已无力行走，只好在雪山公路隧道中喘息避难。1月16日早7点，当我们在绝望中有幸用铱星电话（当时普通手机电话未开通）与县里联系请求救援时，高德荣同志和县长一起，迅速组织了27人的救援队上山救险，当他和救援队员经过6小时的雪路急行军后找到已近虚脱的我们时，伤心地流下了眼泪，满怀深情地说："你们为独龙族人民差点牺牲在雪山上，我们会永远记住的。"接着他迅速给我们换上了棉大衣，送上了热腾腾的红糖姜汤水和食物，并搀扶着我们下雪山，他的安慰与关心，使我们身上寒气顿消，一股暖流涌上心头。

四是为民务实、勤奋执着的精神。高德荣同志宗旨意识和群众观念很强，是一名真正的人民公仆。他一心为民办实事、锲而不舍谋发展，只要是对独龙族人民和独龙江乡发展有利的事，他都会积极主动、义无反顾地去做。他精力充沛、热爱工作，是个工作狂，每天除睡三四个小时外，其余时间基本处于工作状态，以至于须配备两名驾驶员才能满足他的工作需要。他勤奋务实，带头苦干。在

基层，他带头与群众抓生产搞建设，经常亲自修路搭桥、挥锄薅草。2000年，还与工作队一起带领独龙江全乡群众修挖公路，"炮声阵阵震天响，独龙人民修路忙"就是当年公路建设中的生动写照。在机关，他积极谋划，带头争取协调项目资金，想方设法为贡山县和独龙江乡的建设发展创造条件，且有不达目的誓不罢休的气概。

学习高德荣，贵在学精神、重在看行动。云南省民委是做民族工作的，长期以来在省委、省政府的领导下和怒江州、贡山县和独龙江乡各级党委政府的支持配合下，采取一族一策、一山一策、整族帮扶整乡推进等措施，投入了大量资金，为怒江州和贡山县及独龙江乡的建设发展和包括独龙族在内的各族人民的发展进步贡献了力量。作为一名民族工作者，我们将努力把高德荣同志的"钉子精神"运用到实际工作中，为云南建设民族团结进步边疆繁荣稳定示范区做出新贡献。

高德荣同志是
群众路线的模范实践者

高德荣是群众路线的模范实践者

《云南日报》评论员

"我们当干部、当领导的能不能走群众路线，首先要看对群众有没有割不断的实实在在的感情。生活在群众中让人过得更充实，漂浮在官场上使人越来越浮躁。"平凡朴实的一句话，饱含执着和深情，是高德荣大半辈子和群众打交道最深切的体认。

为了摘除长期扣在独龙族群众头上的贫困帽子，与全国各族人民一道迈入小康社会而不掉队，38年来，这名独龙汉子将自己的热

忧、汗水与智慧一并奉献给了率领独龙族同胞脱贫发展的事业。从关怀一家一户群众生活冷暖的积极奔走，到引领全乡、全县发展大计的身体力行；从心系独龙儿女生存的艰难，到关切同胞乡亲美好未来的长远谋划，高德荣的心始终没有远离过独龙江畔。无论走到什么样的位置，无论面对怎样的考验，他总是选择和广大的独龙族同胞站在一起。

作为一名共产党员，到底应当选择什么样的"站位"？长期居高临下而不走近群众，就会变得难以近人心、接地气，长此以往，干群之间的感情线就会慢慢断裂，甚至还可能失了口碑、伤了民心。而应像高德荣一样，总是选择站到人民群众中间，群众的喜怒哀乐他听得清晰真切，群众的所思所想他件件明了于心。长期与群众同呼吸、共命运，强化着他心中对同胞和乡土前途未来的强烈认同，干群之间的情感有着牢固的牵系。

源浚者流长，根深者叶茂。党的事业根基在群众，力量在群众，出发点和落脚点也在群众。站好位、站对位，做群众路线的模范实践者，党员干部才能不断从群众的身上汲取到经验、智慧和力量的养分，广大群众也才能从党员干部身上看到信心、找到依靠，这才是建设"美丽云南"，实现跨越发展的力量根基。

（原载《云南日报》2013年4月10日）

向高德荣同志学习
做群众路线的模范实践者

《云南日报》评论员

　　责任与担当，让巍峨高耸的高黎贡山记住了他深一脚浅一脚的奔波跋涉；关切与深情，让奔流汹涌的独龙江传诵出一曲感人肺腑的时代赞歌。

　　高德荣从独龙江走来，从独龙族群众中走来，他的眼神和脚步，永远离不开独龙江那个始终让他梦牵魂绕的地方。不管走到哪里，不管在什么岗位，不管遇上了怎样的艰难险阻，高德荣始终坚持党的群众观点和群众路线，把"一切为了独龙族同胞脱贫致富奔小康"的目标作为毕生追求，把自己的根深深扎在独龙江畔，为独龙族同胞的福祉尽心竭力。38载栉风沐雨的执着坚守，他将共产党人一心为公、一心为民，踏实做人、务实做事，不徇私情、不谋私利的优秀本质写进了青山绿水间，用自己的务实担当、无私奉献模范践行着党的群众路线。

　　今年4月，本报连续采写刊发系列通信，集中报道了高德荣同志的先进事迹。全省群众路线教育实践活动开展后，本报记者又走进独龙江深入采访高德荣，刊发了《一个独龙族干部的"中国梦"》的重点报道，云南省委书记秦光荣专门作出重要批示，要求把高德荣同志作为全省教育实践活动的典型，接着省委专门作出决定，号召全省党员干部向高德荣同志学习。由此，又一个共产党人的先进典型在我们身边挺立起来。

榜样的无穷力量源于精神价值的闪光和感召。在云岭大地土生土长的高德荣，身上展现的追求与梦想，无私与大爱，清风与正气，淳朴与善良，正是我们的时代、社会以及无数老百姓所真心期盼的共产党人的形象——他在投身整乡推进帮扶攻坚中的奋发进取，在培育独龙江乡支柱产业发展中的大胆探索，在促进民族团结进步中的积极实践，在全面提升民族同胞素质方面的良苦用心，实实在在地彰显了共产党人的公仆本色，生动诠释了"高原情怀、大山品质"云南精神的深刻内涵。

高德荣为我们树起了又一个示范的标杆，也为我们立起了又一面闪亮的镜子。向高德荣同志学习，必将更加有效地推动全省群众路线教育实践活动的深入开展。向高德荣同志学习，就要学习他理想信念坚定、对党忠诚的政治品质，学习他为民务实清廉的价值追求，学习他爱党、爱国、爱乡的赤子之心和鞠躬尽瘁、无私奉献的公仆情怀，学习他始终与人民群众心连心、共患难的政治本色，牢固树立正确的世界观、人生观和价值观，胸怀为民之义、亲民之心，践行助民之实、利民之举，争做群众路线的模范实践者，为谱写中国梦云南篇章凝聚起强大的正能量。

（原载《云南日报》2013年10月16日）

一腔忠诚　永葆政治本色

——一论向高德荣同志学习

《云南日报》评论员

"多一段路、多一座桥，就能尽快连通山外发展的'大动脉'，彻底改善交通条件，这是我和所有独龙族群众最大的心愿！"

高德荣对自己的人生作出过两次大的抉择：风华正茂之时，放弃怒江师范的留校工作，回到独龙江乡成为一名乡村教师；当选州人大常委会副主任后，主动请缨回到独龙江抓扶贫开发。从独龙江来，回独龙江去，高德荣用38年矢志不渝的追求和坚守，鲜明地标注出共产党员坚定的理想信念和对党无限忠诚的政治品质。

理想信念不是无本之木，无水之源。幼年家庭贫困，靠党和政府以及乡亲们养育成才的人生经历，让高德荣这个独龙族汉子对党充满深情，与家乡人民水乳交融。正如熟悉他的同事所言：老高与党和乡亲那种血肉相连的感情，比独龙江水还深。一个人走出封闭的独龙江不是他的人生追求，带领整个独龙江乡和所有独龙族同胞摆脱贫困才是他梦寐以求的目标。为此，他从来不曾动摇过，从来没有停歇过。他心甘情愿回归到出发时的起点，却又以博大的胸怀找到又一个高远的支点；他一脚一步走进艰难崎岖的山路，却为家乡同胞蹚出一条通往幸福明天的坦途。这就是理想的光芒、信念的

力量，这就是高原情怀、大山品质的生动诠释。

今天，当我们走进独龙江的历史、目睹独龙江的巨变时，才真正读懂了高德荣，心灵受到深深的触动，感佩之情油然而生。从高德荣这面闪亮的镜子中，我们看到的是共产党人的本色，找到了世界观、人生观、价值观的正确答案。

学习高德荣，首先要学习他对党和人民一腔忠诚，永葆共产党人的政治本色。作为党员干部，就要牢记使命和责任，不忘来路、认清前路，始终带着坚定的理想信念一往无前，以对党、对民族、对群众的深厚情感，在百姓中播种希望、传递温暖，行善举施德政，为云南与全国同步实现全面小康的宏伟目标奋发努力。

（原载《云南日报》2013年10月18日）

一心为民　永葆公仆本色

——二论向高德荣同志学习

《云南日报》评论员

　　坚持一切为了群众、一切依靠群众，从群众中来、到群众中去，这就是党的群众路线的法宝，也是共产党员的公仆本色。高德荣深深懂得这个道理，他扎根基层，依靠群众、发动群众、为了群众，用38年无怨无悔的奉献，成为当地群众由衷敬爱的"老县长"，树立起党员干部可亲可敬的公仆形象。

　　无论在什么岗位上，高德荣都与乡土、乡亲贴得很近，永远把群众放在心中最高的位置。他选择了"把办公室搬到独龙江"，足迹踏遍独龙江的山山水水，与群众亲如一家；他长年"在车轮上办公"，工作节奏快到要带两个司机、准备两条备胎；他几十年倾心尽力干着一件天大的事，那就是让4 000多名独龙族同胞尽快摆脱贫困奔向小康。

　　奔走于高黎贡山的凛冽风雪，穿越过滔滔怒江的激流险阻，高德荣把人生的追求和奋斗，全部融入边疆各族人民构筑中国梦的生动实践中。与群众同甘共苦，为发展身体力行，高德荣对群众的爱，来自对群众的尊重和依靠，发自最为本真的群众观点、最为炽热的群众感情。"生活在群众中让人过得更充实。"一句如山泉般

清冽透亮的话语，展示出一个少数民族党员干部的质朴情怀，诠释了他以家乡发展和百姓幸福为己任的全部奥秘——摆正自己同人民群众的关系，真真切切懂得"我是谁"；以群众利益为工作出发点落脚点，明明白白懂得"为了谁"；把密切联系群众变为党员干部的常态行为，实实在在懂得"依靠谁"。这种朴素而真挚的情感、深刻而实在的体悟，更加打动人、警醒人、启迪人。

学习高德荣，就要像他一样永怀亲民爱民之心、践行惠民富民之举，永葆一心为民的公仆本色，为群众脱贫致富奔向全面小康多找路子、多想办法、多做实事，为实现好、维护好、发展好广大人民群众的利益竭尽全力。

（原载《云南日报》2013年10月20日）

一身正气　永葆清廉本色

——三论向高德荣同志学习

《云南日报》评论员

　　与高德荣接触，不少人对他又敬又畏。"敬"的是"老县长"一身清风正气，"畏"的是"老县长"非常坚持原则。做人为官正直清廉，高德荣以共产党员永不变质的精神追求和政治本色，在百姓心中树立了极高威望，赢得了群众的爱戴信任。

　　从独龙江往外走一点，或许就离繁华和舒适更近一点。高德荣

却放弃享受更好的生活条件，毅然选择了回到独龙江，带领乡亲们艰苦奋斗，修路架桥、发展产业、脱贫致富；一件寻常衣服一穿十几年，一块普通手表一戴几十年；深入基层只要有个火塘就能安然而卧。不管置身何处，高德荣始终质朴实在、本色不改。勤勤恳恳忙碌了30多年，变化的是岗位职务，变化的是独龙江和乡亲们的进步发展，不变的却是高德荣的一身正气和对原则底线的始终坚守。

这身正气，让高德荣做人不失德、从政不失勤、为官不失廉，在任何情况下，都稳得住心神、管得住行为、守得住清白。他清如贡山月，洁似怒江云，始终艰苦朴素、不计得失，把独龙族乡亲们的事当成自己的事，把独龙江的脱贫致富当作毕生追求的事业。不管在哪个岗位上，他始终无私奉献、不懈奋斗，想的干的都是为了让老百姓的日子好过起来，想的干的都是一名党员干部肩负的责任担当。身为领导干部，他始终严于律己、克己奉公，从不以权谋私，从不搞特殊化，讲党性、重品行、作表率，自觉维护着党员干部的清正廉洁形象。

学习高德荣，就要学习他一身正气，永葆清廉本色，以实际行动彰显共产党员的人格力量。像高德荣一样，用一片丹心书写务实作风，用艰苦奋斗坚决拒腐防变，清清白白做人，踏踏实实干事，堂堂正正为官，兢兢业业履职，在为人民服务的事业中实现共产党人崇高的人生价值。

（原载《云南日报》2013年10月22日）

一个民族干部的大爱情怀

——四论向高德荣同志学习

《云南日报》评论员

高德荣是伴随新中国成长起来的少数民族党员干部，亲身经历并见证了独龙族和独龙江地区在党和政府的关怀下，从"直过区"一路走来所发生的翻天覆地的变化。"高黎贡山高，没有党的恩情高；独龙江水深，没有党的恩情深。"对党的深厚感情，让我们找到了高德荣带领独龙族同胞一心一意跟党走、矢志不渝投身独龙江地区发展进步的思想源泉。

高德荣幼年家庭贫困，是党和政府、独龙江的乡亲们养育了他。对家乡和独龙族乡亲那种与生俱来的血肉亲情，使他不管走到哪里，在什么岗位，都放不下对独龙江的牵挂。常怀感恩、满腔炽热，爱党、爱国、爱乡、爱民的赤子之心在他身上熔铸合一，锻造了一名党员干部的思想觉悟，升华为一种坚定的信念追求、无私的大爱情怀。

正是这种大爱情怀，让高德荣牢固树立全心全意为人民服务的宗旨意识，始终保持为民务实清廉的政治本色，带头认真贯彻落实党的少数民族政策，以各民族共同繁荣发展、共同繁荣进步为己任，38年情牵独龙江，多年如一日驻守在工作条件极其艰苦的独龙江乡苦干实干。正是这种大爱情怀，让他坚守对民族群众的深情厚谊和一同奔小康的奋斗目标，把独龙江乡亲的脱贫致富作为念念不忘的头等大事，尽心竭力投入独龙江的帮扶建设，为教育奔波、为环保呼吁、为民生解难，办成了一件又一件实事、好事和大事。

"我只想为独龙族群众发展进步多找点路子、多想点办法，让独龙族在小康路上不掉队。" 质朴的心声，让人敬佩感动。而高德荣更用一辈子不改本色的行动，体现了一名少数民族党员干部的忠诚信念、公仆情怀、务实作风，诠释了"高原情怀、大山品质"云南精神的深刻内涵，彰显了值得发扬光大的时代价值。

学习高德荣，就要体悟他的大爱情怀，像他一样，把人生追求融入党和人民的事业，融入边疆各族人民构筑中国梦的生动实践，永葆本色、艰苦奋斗、身体力行，争当群众路线的模范实践者，为维护边疆繁荣稳定、促进民族团结进步、推动云南跨越发展做出更大的贡献。

（原载《云南日报》2013年10月24日）

"泥腿子"厅官扎根基层
不"老土"

艾 秋

　　曾任云南省贡山县县长的高德荣，2006年当选怒江州人大常委会副主任后，就把办公室搬回了独龙江乡。他说："独龙族同胞还没有脱贫，我的办公室应该设在独龙江。"回到独龙江后，高德荣结合当地实际，带领群众种植草果、重楼，饲养蜜蜂。如今，全乡草果种植面积已达3万多亩，"绿色银行"正在见效。

　　官职无论大小，做出贡献最重要。高德荣作为一个副厅级干部，原本可以待在繁华的城市工作和生活，但是他却为实现"绝不让一个兄弟民族掉队"这样一个承诺，主动放弃了城市生活，把办公室搬到艰苦的独龙江，带领独龙族同胞修路架桥、发展产业。不过，记者在独龙江乡找了一圈，也没找到高德荣的办公室。当地干部说：独龙江畔的每个村庄、每条山路，每家每户的火塘边，都是老县长的办公室。

　　这是一种多么崇高的精神。为了使云南乃至全国最贫困的地区之一独龙江脱贫致富，高德荣平时一有空就下村走访，走到哪家吃哪家饭，住在哪家睡哪家地板。临走时一定留下伙食费、住宿费。

他结合当地实际，带领群众种植草果、重楼，饲养蜜蜂。如今，独龙江人民群众的收入高了，生活状况改善了，而高德荣也老了许多。

走群众路线，就要接地气。高德荣的故事在独龙江、怒江沿岸已经流传了30多年。有人为他写了首诗："如果你到过独龙江，可能一转弯就能碰上他；如果在山道上遇见，谁也不会多看他一眼。但我并不失望，因为他让我重新审视了人生：一个人的高大，真不在身材或者着装。" 跟高居庙堂的官员，尤其是副省级以上的官员相比，高德荣看起来似乎有点老土，但是这才是真正的接地气。

近日，中共云南省委作出决定，把开展向高德荣同志学习活动作为深入开展党的群众路线教育实践活动的一项重要内容。最应该学的是高德荣的为官之道："生活在群众中让人过得更充实，漂浮在官场上使人越来越浮躁。"

（原载中国财经时报网2013年11月12日）

"泥腿子"厅官树立"好干部"标杆

守望春风

"绝不让一个兄弟民族掉队",为实现这样一个承诺,一位副厅级干部,主动放弃城市生活,把办公室搬到艰苦的独龙江,带领独龙族同胞修路架桥、发展产业。他,就是高德荣。

党的事业,根基在基层,关键在干部。干部怎么干,群众怎么看。广大党员干部只有把双脚扎进泥土,把红心献给人民,才能筑牢党和政府密切联系群众的基石,在群众心中架起传递党和政府温暖的桥梁。作为党员干部,只有更多地深入基层,体验群众疾苦,才能更好地服务人民,促进作风改变;进一步加快作风转变,才能更好地深入基层,更好地服务于人民。这是对广大党员干部的要求,也只有做到这一点,才能更好地为群众谋得福利。

曾任云南省贡山县县长的高德荣,2006年当选怒江州人大常委会副主任后,就把办公室搬回了独龙江乡。平时一有空,高德荣就下村走访,走到哪家吃哪家饭,住在哪家睡哪家地板。临走时一定留下伙食费、住宿费。这就是一位基层干部的工作作风,时刻不忘联系群众,工作中做到了紧密联系群众,与群众同坐一条板凳,同

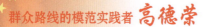

吃一碗饭，交心、谈心，与群众同呼吸、共患难。厅官高德荣，以实际行动践行了"好干部"工作作风，为"好干部"树立起一面旗帜，是"好干部"学习的标杆。

我们从高德荣身上看到了"好干部"需要"多走、多晒、多做"，只有这样才能真正落实"权为民所用，利为民所谋，情为民所系"。

首先，"好干部"需要多走。干部要学会走到基层去，大规模驻村联户，面对面谈心交流，主动给群众一个表达诉求、倾诉想法的渠道。让群众说了、表达了，领导干部听了、解释了，这就能解决很多问题，化解很多积怨，避免很多矛盾。所以多走一走，多听一听，对于化解矛盾，增进感情，促进干群关系融洽和谐，意义重大。

第二，"好干部"需要多晒。干部要做到主动晾，每月按时公开，保证公开栏时刻有内容，让群众随时可以看到。要详细晾，公开内容要细致、清楚，让群众能够看明白，清楚来龙去脉。要全面晾，属于公开范畴的，不要怕麻烦，都去公开，用事实来说话，避免谣言流传。要随时晾，群众有疑问，随时解答，有代表性的，还可以随时添加到公开栏里。这样做到信息通畅，尊重群众的知情权、参与权，同时对于我们的工作也是一个监督和规范，才能够逐渐提高群众的满意率和支持率，改善干群关系，促进干群和谐。

第三，"好干部"需要多做。在基层工作中，由于工作的方式方法、群众的理解程度等原因，可能面临着"打的水越多，破的罐子也越多"的尴尬。所以，基层干部要敢想敢干，勇于承担责任，开拓进取，起到火车头的带动作用。这样才能从根本上推进村居的发展，带领村民走向富裕和幸福。

综上所述，高德荣为广大党员干部树立了标杆，树立了"好干部"的标杆。希望广大党员干部多向高德荣学习，真正融入群众，与群众同呼吸、共患难，成为群众拥护的"好干部"。

（原载四川在线2013年11月13日）

图书在版编目（CIP）数据

群众路线的模范实践者——高德荣 / 中共云南省委
宣传部编. -- 昆明 ： 云南美术出版社，2014.2

ISBN 978-7-5489-1599-7

Ⅰ．①群… Ⅱ．①中… Ⅲ．①高德荣－先进事迹
Ⅳ．①D263

中国版本图书馆CIP数据核字(2014)第030877号

出 版 人：吉　彤
责任编辑：秋　实　管尤升
整体设计：庞　宇　张湘柱
责任校对：胡国泉　李远生

群众路线的模范实践者——高德荣

中共云南省委宣传部　编

出　　版：云南出版集团公司
　　　　　云南美术出版社
社　　址：昆明市环城西路609号新闻出版大楼24-25楼
电　　话：0871-64107562　　0871-64193099
发　　行：云南新华书店集团有限公司
印　　刷：云南出版印刷（集团）有限责任公司
　　　　　云南新华印刷一厂
开　　本：787mm×1092mm　1/16
印　　张：18.25
字　　数：210千字
版　　次：2014年3月第1版
印　　次：2014年3月第1次印刷
ISBN 978-7-5489-1599-7
定　　价：48.00元